魯西民俗

杜明德 著

臺灣 學生書局 印行

李　序

　　民俗學界把記錄民俗事象的著述稱作「民俗志」，在民俗學領域的「史、志、論」三分天下之中有其一，並且被視為民俗研究不可缺少的基礎。民俗志之類的編著，向無定式，其內容、體例、文風多種多樣，各有所長。就內容而言，有綜合性的，也有專題性的，其空間可涵蓋一個相當大的區域，也可具體到一個村落，甚至是一個人的生活史。因之，其體例要求也並不像通常志書那麼嚴格，某地、某項民俗活動的調查報告之類，也可以納入民俗志的範疇。就文風而言，或俗或雅，或簡或繁，均無一定之規，要之，各盡所能，各取所需，能說明問題便好。

　　杜明德先生的《魯西民俗》一書，洋洋大觀，給我們全面展示了近現代魯西地區的民俗風情。大約是出於杜先生多年從事地方誌編纂的原因吧，書中行文惜墨如金，內容高度濃縮，文字乾淨俐落，沒有水分，儘是「乾貨」。然而，如同有句廣告語所說，「簡約而不簡單」。那豐富的材料，條分縷析的編纂，從二十四項分類中便可一目了然。其中「雨節」、「桑王兩村不通婚」、「托板豆腐」、「響場」、「對瓦片」、「花姑神」、「蚰子葫蘆」、「東阿雜技」等，都極富有地方特色。這種簡明扼要的寫法和量體裁衣的編法，不僅形成了本書

的一大特色，而且也便於讀者查閱和研究者利用，多為令人稱道。讀起來有趣，用起來順手，算得上用途廣泛的書。

我與杜明德先生相交多年，可稱得上是老朋友了。杜先生在地方史志戰線上，摸爬滾打幾十年，於民俗方面的調查研究尤多作為，並取得令人欣喜的成果。在我們的接觸中，杜先生的平易、謙虛和執著，給我留下深刻的印象，而他那淵博的知識，嚴肅認真的工作態度，對我也多有教益和幫助。致此祝賀《魯西民俗》成書之時，順致謝意。

李萬鵬

2006.6

劉　序

　　欣聞杜明德先生編著的《魯西民俗》一書即將出版，至為欣喜。

　　認識先生已有十多年時間，但見面多在民俗學術研討會和《金瓶梅》學術研討會上。今年淄博年會上見到先生，並請我為他的新書寫序，因為我們都在民俗專業上工作且又有多年交往，因此我欣然接受。

　　民俗幾乎與人類同時來到這個世界上，但作為單獨的學科歷史並不長。是個最古老的事象，又是個最年輕的學科，又因為它和許多學科交叉，所以也是最難用一句話來界定它的範疇和具體意義。大家都在民俗事象中生活，並與每一個人息息相關，但研究民俗理論的專著和介紹民俗事象的專著與它存在的事實並不相稱。近些年來許多民俗工作者都在努力做這方面的工作，從事教學科研的專家主要在民俗理論上下功夫，並有許多專著問世，許多院校不但建有民俗專業，還有碩士點和博士點。工作在基層的民俗工作者主要是在挖掘整理民俗事象上下功夫，各地都形成了這樣一支隊伍，也出版了很多專著。對民俗工作者來說，這些專著的問世都是民俗學的豐碩成果，是可喜可賀的。

　　杜明德先生是山東省民俗學會的理事，也是學會創建初期

參加民俗工作的，經過多年的收集整理，在這方面積累了很多的資料，近來又將魯西一帶浩如煙雲，頭緒紛繁的民俗事象條分縷析，編輯成書，是件煞費苦心的事，而且從資料性上看，厚重有力，含量豐富。從習俗中的信仰上去看，就會給讀者帶來神聖感，從習俗中的民間文化上看，會給讀者帶來親切感和感染力，從習俗中的飲食和服飾上去看，就會讓讀者體會到民俗的實用性，從習俗的廟會和敬神活動上去看，又有了商業的實用性。所以民俗文化無論從精神上，還是從生活的實踐性上，乃至衣食住行，商業、貿易和生產有關係的經濟活動，以及婚喪嫁娶中的禮儀活動，歲時節日的文化活動，遊戲競技武術和民間的各種文化活動等，都和民眾有緊密相關的作用。這種文化現象如同千絲萬縷的紐帶，聯繫著每一個人，這是民俗之所以經久不衰又能傳承下來的根本原因。

　　先生把魯西的民俗事象編著成一本書，是先生的殫精竭慮之作。是傳承民俗事象的一本好書，它真實地記錄了民間各種民俗事象的本來狀況。

　　從文稿的文風，語言風格，以及編纂角度看，先生是下了一番功夫的，可以用文約事豐來評價這本書。

劉德龍

2006 年 6 月 6 日

魯西民俗

目　次

神、宅神　天地神　城隍　土地神　灶神　財神　碧霞元
君　吾黨神　三皇　漁姑　曹子建

一、歲時節日

過　年

　　又稱過「春節」，節日習俗，流行於聊城臨清一帶。除夕這天下午，家家戶戶都要貼春聯，新近辦喪事的家庭不貼紅聯，只貼紫藍色的春聯，多寫思念親人之類的對聯，並不向親友拜年。貼春聯又叫貼「對子」。這時還要請門神，凡是大的器物上，如窗、門、車、櫃等上面要貼「福」字，門口要貼倒一個「福」字，寓意「福到了」。有的地方除夕早晨吃各種饃饃、棗糕、粘窩窩、炸的各種丸子、粉條、白菜等，稱為「吃全年的飯菜」。早飯後由婦女們包餃子，多為素餡，意思是一年「素淨」。這一天包的餃子要吃到正月初五再剩餘一點，寓意「年年有餘」。男子們衣冠整齊到墳地燒紙接已故的老人回家過年，按輩分排放好「神主」，供於桌上。小孩們折一些松樹枝回家，備初一五更時分燒，寓意「子孫旺」。除夕傍晚，闔家拜天地神靈、拜祖先，晚輩向長輩磕頭，再燃放鞭炮，爾後喝辭年酒。給兒女們壓歲錢。晚飯後抱一些芝麻秸撒在地上，為「踩碎」，就是「踩過這一歲」。有的地方留下守歲人外，其餘人員到本族各家磕頭，又叫磕「辭年頭」。守歲時大門內橫放一根木棍，稱為「攔路棍」，以擋住入室的邪魔，門神聞訊立即捉拿。此俗至今流行。

碰福氣

　　節日習俗，流行於陽穀縣東北部，東阿縣西部村鎮。春節包水餃時，有意將一枚銅錢或硬幣包在水餃中，農曆初一早晨，誰吃到帶錢幣的水餃，誰就有「福」。有的將一小塊柴炭包在水餃中，誰吃到這個餃子誰就是「黑心賊」。故有人雖吃到包有柴炭的餃子，務必強咽下去，以免被譏為「黑心」。至今城鄉仍有人偶而為之，且多為遊戲。

拜　年

　　節日習俗，流行於聊城一帶。正月初一拂曉，人們早早起床吃餃子，吃完後男女分開，先家族內後家族外，再到全村拜年。族內拜年時由族長帶領到廟宇、祠堂拜神位磕頭拜年，近年來多數見面問好，多稱「過年好」。拜年除恭賀新年外，還有拋棄前嫌，重新和好的意思，平時不和，互不上門的，只要這天拜拜年，就一切怨仇消除，民間有「殺人不過頭點地」的說法。城區居民，在這一天成群結隊為長輩友鄰、同事拜年，大多是相互問聲「過年好」。初二，多去姑祖母和姑母及出嫁不久的姐妹家拜年，外孫要到姥姥家拜年。臨清市有的地方初三拜岳父，對新婚女婿尤為重視，新婚到岳父家，把新婚讓於上座，其他人都為陪客。初四到姨家拜年。初五又稱破五，是拜送諸神和送過年的祖先回墓地的日子，送走後上供、燒香、燒紙。高唐縣過年多道聲「發財」，總說初五和破王，因其五和無是同意，初五這一天不走親訪友。拜年的習俗一直沿續到正月十五。以上習俗仍在民間十分流行。

攔財棍

　　節日習俗。流行於陽穀縣東北部及東阿縣西部。農曆正月初一日凌晨起床後，各家各戶在大門及屋門前橫放一木棍，這樣可以防止家內錢財什物外流，至天明時除去。此俗現已不盛行。有的地方從初一到初五不掃地，即使掃地，其垃圾只能堆在屋角，不能往室外掃，擔心把財運和財掃出去。

破　五

　　節日習俗，流行於聊城一帶。正月裏有很多禁忌，從初一到五，不能動刀剪，刀剪屬凶器，動則不吉；婦女不能串門，即使同住一院，也不例外，類似此俗稱為「忌門」；初五前不能掃地，必須掃地時也只能從尾門往裏掃，更不能把掃起的土倒掉。相傳初一地上有元寶，把元寶倒掉是不吉祥的。另外，切忌打碎家什，萬一不小心摔了一隻碗，在場的人立刻應道「歲歲平安」，因歲與碎諧音。不許說不吉利的話，為了防止孩子們說話不謹嚴，特地用紅紙寫上「童言無忌」，貼在屋內。有的鄉村，從初一起封井三天。到了初五，一切禁忌都宣告解除，因而又叫「破五」。這種禁忌的風俗也漸漸地淡化了。

破　五

　　節日習俗，流行於東阿一帶。農曆正月初五，又稱為破五，人們往往以這一天的陰晴來判斷當年的大牲畜中的吉凶。相傳，這一天如果晴空萬里則耕牛興旺，人們最希望這一天是

個晴天，盼望耕牛興旺。早年間，初五之前，婦女不能出門串親，也不能動尺子、剪刀做針線活，不准用生米、生麵和生菜下鍋，過了初五就不忌諱了。在東阿縣、聊城一帶，家家都在這一天包餃子，俗稱「捏五」。這一天不走親訪友，此俗延續至今。

砍棗樹

節日習俗，流行於陽穀縣北部村鎮。正月十五晚間，每家每戶一人持燈，一人持刀，行走至自家的棗樹前，持刀者作揮刀欲砍狀，並說：「砍了罷！」持燈者接言「留著吧！」然後二人同聲說：「今年結個稠的吧！」棗樹因懼怕斧鋸加身而多結果實。此俗今已不流行。

掇搭燈

節日習俗，流行於陽穀縣東北部、東阿縣西南部、聊城市南部村鎮。正月十五日夜，各家各戶多用簸箕托一菜油燈到打麥場上輾轉走動，一邊走一邊說：掇搭掇搭燈，揚場刮順風等語。寓意為夏秋季節打麥揚場時便會刮大小適中的風，以使揚場順利。此俗近年來漸少。

捏老鼠嘴

相傳正月初十是老鼠娶媳婦的日子，玩童們晚上在磨眼裏能聽到老鼠要娶媳婦的聲音。家家捏餃子，謂捏老鼠嘴，叫它不危害人。

春節期間臨清街景　　攝影／袁陶光

元宵節

　　節日習俗，流行於聊城一帶。每到正月十五為元宵節，又稱「花燈節」。相傳臨清一帶，元宵是為門神爺生日上的供品。元宵又象徵全家人團圓幸福，在聊城市、臨清及各縣城鄉，多以秧歌、武術、龍燈、高蹺，臨清還有駕鼓，多集中在人口密集的村鎮和市區，另有銃跑聲聲，鞭炮齊鳴，鑼鼓喧天，加上管、笙、弦樂悠揚，秧歌隊伍載歌載舞。入夜後處處張燈結綵，雲龍會，各種燈紛呈於市，放煙花、起火、燈謎，競相爭妍，十五晚上通宵達旦，熱鬧非凡。此俗至今十分流行。

放雲燈

　　節日習俗，流行於陽穀縣東北部。正月十五日前後，青少年入夜後喜於燃放「雲燈」。「雲燈」呈袋狀，以竹為骨架，用紙糊就，底部開放並於中央位置懸掛豬油或蠟油。點燃後因產生熱氣而升空，並隨風飄移，青少年歡呼追逐，增加節日氣氛。多數中老年人視雲燈形似孝帽，認為不吉祥，尤其忌雲燈落入家院中。近年玩此遊戲者已漸少。

炙百病

　　節日習俗，流行於莘縣一帶。據莘縣舊縣誌記載：「正月十六日早，婦女以艾灼衣帶，謂之炙百病。」用艾熏衣物有同炙的意思，以去百病。五十年代初期，有人用艾禾燃著烤全身，以祛病免災。此俗至今仍然在少數人中流行。

走百病

　　節日習俗，流行於東阿縣、莘縣、臨清、聊城一帶。農曆正月十六日，民間謂之為「走百病」。見於文字記載的最早可追溯到明朝永樂年間，至今一直流傳。民間有「正月十六不走動，閨女媳婦定得病」的說法。每年的正月十六這一天，婦女們穿上新衣裳，三五成群地走出家門，到野外農田走一走，看看青青的麥苗，可以青春長在，永不衰老。出嫁的閨女要在這一天回娘家，有孩子的要帶孩子去娘家，也叫「走百病」。這天晚間，有登高遠眺的習俗。民國時有的縣城有城牆，人們穿上盛裝，登上城牆走來走去，也叫「走百病」。莘縣舊縣誌記

載：「晚遊者愈眾，謂之走百病」。有的農村走娘家之俗仍在，其他形式的走百病已很少見到。

烤百病

也有的叫烤百病，人人爭相早起，各家圍在巷口或十字路口烤火，謂烤百病。可以烤除百病。這一天把餃子和其他食物也烤著吃，吃了可以治百病。也有的人到村外走一走，說能把百病去掉。把地上的草連根拔掉，可以拔掉病根。

走百病

歲時習俗，民國初年流行於聊城市一帶。每逢正月十六日晚，婦女們便會梳妝打扮後同左鄰右舍的姑姨姊妹們，成群結隊地到城門去摸門釘。古城有四座城門，城門外另有四座拗頭門。每個門上，都佈滿了凸起的如杵頭般大小、黃燦燦、亮晶晶的門釘，城門顯得古樸莊嚴。婦女們摸一摸門釘可以除百病，擔保一歲平安。摸門釘最好是正城門，進城門前，必經城外的吊橋，亦稱「走橋摸釘，百病不生」，又叫走百病。過去聊城流行一支《十二個月》的俗曲，其中有：「正月裏呀正月正，娘家接我去看燈，問了婆婆問公公，囑咐去了早回程，可我還要跟著姐妹去摸釘。媽媽呀你也去吧，摸一摸，一年壯實不腰痛。」近年來，漸漸不再實行了。

迎　春

節日習俗，又稱打春。流行於聊城一帶。每逢這天，知縣身穿朝服，乘坐四人抬大轎，率全城官吏一起出動。前有鼓樂

引導，全副執事，盛陳儀仗，三班六房前呼後擁，後有衙役抬著用葦席和紙製作的春牛和芒神，一路上鑼鼓喧天，嗩吶陣陣，吹吹打打，到東郊驚蟄堂迎春。驚蟄堂是一處有三間北屋、兩間偏房的小院落，大門之上懸一方大匾，曰「春坊」。這天，驚蟄堂裏外打掃得乾乾淨淨，門外空地上高搭席棚，陳列桌案。縣官到後，先燃起萬頭鞭炮，擂鼓三通，吹嗩吶兩套。縣官即率僚屬至春牛前行禮，再圍繞春牛走上三遭，手拿朱筆，在春牛前額正中劃一「十」字。這時，鼓樂聲止，兩個裝扮成老翁老嫗的莊稼人唱起春歌，唱完後，縣官從盤中抓起大把大把的春餅，向人群裏撒去，說是吃了吉利。然後，縣官就到他所屬的一畝三分地裏，由縣官親扶犁把，犁把上纏繞著紅綢，在他人的輔助下，緩緩地犁兩趟地，又稱躬耕。之後，把春牛和芒神抬到棚外的場地上，進行鞭打春牛的儀式。春牛和芒神是以秫秸或竹子做骨架，用葦席和紙，依照曆書中的尺寸、形貌和色彩，紮製而成。春牛身披黃綠彩綢，角上掛著紅花。芒神也稱勾芒，聊城俗稱「麼麼」，它手中執彩色絲繩擰成的鞭子，有一色、二色，以至五色、六色，各有所指，預示著一年的陰晴旱澇和莊稼的豐歉。這時，縣官和僚屬各執柳條環繞一周，抬起勾芒神，並扭動它的胳膊，用鞭子連抽春牛三下。頓時，眾人用柳條往春牛身上一陣亂打。同時，拿竹竿捅牛的屁股，牛屁股中淌出許多柿餅和烏棗。圍觀的大人小孩蜂擁而上，搶吃柿餅和烏棗，這就是鞭打春牛。此時，席棚下已擺好春宴，縣官與僚屬入座，喝迎春酒。縣官返城後，隨即向知府衙門報春，詩云：「盡道春從太守來」，即指此事。迎春，意在提醒天下黎民百姓，不誤農時，及時耕耘。1949 年後已消失。

祭太陽

節日習俗，三十年代前流行於聊城一帶。相傳二月二是太陽真君的生辰，頭一天晚上街上不斷傳來「上供的——太陽糕喲！」的叫賣聲，太陽糕是用發酵的米麵加上白糖蒸成的圓餅，五個為一套，上面放一隻麵捏的小雞，這就是祭太陽神的供品。次日凌晨，居民們在香案上擺上太陽糕、果點，並焚香放炮向太陽神叩頭祭拜，同時焚燒太陽禡子。當天，還要到聊城東關外的玉皇閣裏，向真君神燒香點燭、叩拜。有的人在這一天忌吃葷腥蔥蒜，說是吃太陽齋。夜幕降臨，便點燃上供時剩下的蠟燭，用燭光遍照居室的角落和牆壁，用太陽真君的光亮射殺就要出蟄的毒蟲。民諺有：「二月二照房樑，蠍子蜈蚣無處藏」之說。

蠍子肚兒

節日習俗，二月二吃炒蠍子肚的習俗，流行範圍較廣，且延續至今。蠍子肚也叫蠍子爪，是用篩選過的上等黃豆，拿花椒鹽水漬透、晾乾，再放入盛有沙土的鍋裏炒。炒到微微發黃，即用豬油或香油搓過，這樣吃起來香酥可口。二月二，除家家都炒外，街巷也時有挎籃叫賣的。同時也有相互饋贈的。吃蠍子肚兒，一說是蠍子類的害蟲未出動前，吞噬蠍子肚兒能消災，又說二月二是土地神的生日，炒豆是向土地爺上供。

龍抬頭

節日習俗。二月二這一民間傳統節日，正值春暖冰消，農

事將忙之季，又是各類蟲豸將要出蟄活動之時。人們充滿對龍的信仰和崇敬，盼望它能及時騰雲降雨，帶來風調雨順的年景，也期待龍能震懾所有與人為害的蟲類。龍抬頭這一天，包水餃叫包龍耳，吃烙餅又叫吃龍鱗，吃麵條叫吃龍鬚。寓意龍和人密不可分。這一天還敲鑼打鼓，到街上去龍騰虎躍一番，以象徵龍躍天庭。民諺有：「二月二，龍抬頭，大倉滿，小囤流。」這一天婦女們還忌動用針工，以防傷龍眼。

打　囤

歲時習俗，流行於聊城城鄉。二月二這一天，家家戶戶將鍋底的柴草灰，用羅篩細，在屋內、院內、打穀場上都要灑成一個個圓圈，並撒上五穀，屋內的放上幾枚銅鐵，象徵「錢滿囤，穀滿倉」。城內有的居民將柴草灰從門外灑起，蜿蜒而入，連接院子和屋內的圓圈，一直引申到廚房的水缸旁，並環繞水缸一周，意為把龍引入棲息之地。待太陽出來時，放出所飼養的雞，把院子和場院的穀物啄食乾淨，叫做「收了」，預兆五穀豐登，六畜興旺。二月二打囤的習俗盛行於民國期間，農村至今仍流行。

二月二

節日習俗，流行於荏平縣。俗稱「二月二，龍抬頭」。人們用佐料食鹽水浸泡大粒黃豆，待完全膨脹後撈出瀝乾。二月一日晚，拌沙土或細沙炒酥，亦稱炒「蠍子肚」。相傳，吃了它可免蟲蠍蟄咬。二日清早，戶戶用草木灰在庭院中撒成大小不一的圓圈，稱「打囤」。內放少許雜糧，上蓋磚瓦，寓意

「五穀豐登，糧食滿倉」。今「打囤」習俗漸衰，吃「喝子肚」仍很普遍。

打　囤

又稱「打灰囤」、「填倉」，節日習俗，流行於聊城一帶。二月二早晨，人們用草木灰在穀場上、家院裏，用草木灰畫一個大圓圈，取名為「囤」，即糧囤的意思。囤的中心放一撮糧食，用磚壓住，稱為「填囤」，有的在屋內畫囤，中間壓幾枚制錢，稱為「錢囤」。有的畫囤時在囤的旁邊用草灰畫一個梯子，表示五穀豐登，囤大無比，需踏著梯子上去裝糧食。打囤時，以灰畫圈為「安囤」，天晴無風為「收囤」，以示農作物豐收。在圈裏放鞭炮為「漲囤」，意思是糧食多得盛不了。臨清一帶把壓在囤上的磚拿掉即是開倉的意思，在囤裏撒的糧食讓雞吃了，意思是吉利。1949 年前十分盛行，現在農村亦能見到。

圍　倉

節日習俗，流行於莘縣一帶。二月二日這一天，莘縣農村在庭院或麥場用草木灰畫成大小不等的幾個大圓圈，當中埋以糧食。同時在糞堆或糞坑周圍插上五穀秸杆，秸杆上插糧穗或用彩紙、布頭製作的糧穗模型等。還有人在庭院或麥場上用一層磚圍一個圈，圈中挖一個小坑或不挖坑，中間放上五穀雜糧，寓意來年五穀豐登。此俗在農村依然流行。

炒蠍子豆

亦稱「炒蠍子爪」，節日習俗，流行於東阿縣及聊城一帶。相傳，農曆二月二日這一天，吃了蠍子豆，一年不被蠍子螫。蠍豆，一般是選用粒大而整齊的黃豆（近年來也有用青豆的）泡在水中，待漲大後取出晾曬，加上鹽和五香佐料，二月初一的下午或晚上，放在鍋內用細沙子炒或者用油炸，熟後即可食用。不僅香脆，還有鹹甜等味。現在除炒蠍子豆外，又增加了炒花生米、瓜子、爆大米花、玉米等。臨清叫炒「蠍子肚」。此俗在城鄉流行。

打　囤

節日習俗，流行於魯西各縣農村。農曆二月初二凌晨太陽出來前，各農戶多於庭院內撒草灰成糧囤狀，中間放以麥、豆穀等糧食少許，以「囤」多而大為吉利。今農村仍有此風俗。

寒　食

節日習俗，亦稱禁火寒食。一般在清明節的前一天或前兩天，這一天不動煙火，吃冷的食物。相傳這一習俗是為紀念介子推的。相傳晉文公重耳為躲避後母麗姬的陷害，曾在國外流亡 19 年。一次路過衛國，被人追擊，逃入杳無人煙的荒野裏，飢餓和疲勞快要奪去他的生命，這時介子推從腿上割肉奉獻給晉文公。後來晉文公做了國君，唯獨對介子推沒有封賞，並得知介子推帶著母親躲進了綿山。為了使介子推走下山來，晉文公採用三面燒山的計策，結果將介子推母子燒死在綿山之

上。為了悼念介子推，晉文公下令每年的這一天，全國禁止煙火，家家吃冷飯，喝冷水，並漸漸延續下來。在聊城一帶農村，寒食節還有煮飯餵牛的風俗。這一天大都用一升米煮一大鍋飯，給牛吃，作為對耕作一年的犒賞。俗話有：「打一千，罵一萬，盼到寒食吃頓飯。」

清明節

節日習俗，流行於聊城一帶。清明節，聊城一帶有插柳、上墳、城隍神出巡、踏青等習俗，這天，城鄉居民折柳後插在大門、屋門、窗外和床頭。婦女們還掐一嫩枝插在髮際。兒童也把柳枝編成圓圈，戴在頭上。民諺有：「清明不帶柳，紅顏成皓首。」相傳，插柳能順陽氣，避邪祟。清明還有上墳的習俗，上墳的人帶著鐵鍬、燒紙、香燭、祭供，到自己的祖塋陵地，添土、芟草、擺供燒紙叩拜，然後在墓頂壓上墳頭紙，表示子孫已上過墳。近年來，墳頭多已平掉，上墳風氣日減。清明節去烈士墓地掃墓、獻花，寄託哀思，追念先烈。踏青，又叫遊春、探春、或尋春。清末民國間，聊城東鄉邑廩生朱德孚，每年清明時節，邀集王子木、季道義、賈思洪、鄧百泉等人，徜徉於杏花林叢，覓句於小橋野渡，著有《桑田俚歌集》數卷，多記述歷年偕友踏青情趣。在校生在學校組織下，常常集體出動，在清明節作郊遊。

清明節

節日習俗，流行於聊城一帶。在每年的 4 月 5 日前後，黃河中下游地區，氣溫在 10°C 左右，草木萌發，天氣清明。相

傳，清明節的前兩天為寒食節，為紀念春秋賢士介子推而設。掃墓是清明節的主要活動。這一天早晨，家人們帶著供品、紙錢、扛著鐵鍬，來到祖墳，為先人祭奠、給墳添土，也叫添墳。相傳，這是給祖先修房，以防夏日雨大漏水，這一切活動都以寄託哀思為內容，近年來機關學校常到烈士陵園掃墓。清明節這一天民間有插柳的習俗。柳條插在門框兩邊，有的插在門窗上、房樑上，有的還給耕牛和家犬帶上柳條圈，有「清明不插柳，死後變個大黃狗」的說法。農村老年婦女有的用柳條抽打牆壁、灶間、席後、床下旮旯等地方的習俗，一邊打一邊唸叨：「一年一個清明節，柳條單打青幫蠍，白天不准門前過，夜裏不准把人蟄」。在東阿縣清明節早晨還有煮雞蛋吃的習俗，相傳清明吃雞蛋，眼睛明亮。臨清農村還要於這一天用米湯把牛飲得飽飽的，稱為「謝牛」。早年間，清明有蕩秋千的習俗。其風俗仍在流行。

清明節

節日習俗。1949 年前，茌平境內居民、門上插柳枝，吃小米乾飯、菠菜湯，還用米飯餵耕牛，亦作「打一千，罵一萬，等到寒食吃頓飯」。從清明起，禁煙火寒食三日，為祖墳燒紙添土，寒食之俗漸衰。1949 年後，機關、工廠、學校等單位，常組織人員到烈士陵園慰祭英靈，城鄉群眾則到自家墓地添土燒紙祭祖。

端午節

又稱「五單五」，臨清稱「五月單五」，也有的叫「端陽

節」。節日習俗，流行於聊城一帶。相傳是紀念楚國大夫屈原。端午節時陰陽交替，疫情易生。人們為了驅邪避災，家家都於門口插艾，為兒童縫製布辣椒、布桃，帶在手腕上，嬰兒還要穿畫有「五毒」的黃布鞋，女孩戴石榴花，以避病消災。民謠說：「端午不插艾，來生變個豬八戒；端午不戴桃，死後變個大花貓」。有的在早些年還張掛張天師像、鍾馗像，求神靈保佑平安。1949 年後，有許多習俗不再實行。吃粽子是端午節的一大習俗，早些年稱粽子為角黍。角黍是因粽子的形狀有棱有角內包有糯米而得名。魏晉時間，周處所撰的《風土記》中記載：「仲夏端午，烹鶩角黍。」說明端午吃粽子由來已久。到唐宋時，粽子已成為節日和民間四季出現於市的美味食品。明代弘治年間，始用葦葉裹粽子，粽餡種類也漸多起來，有蜜糖、豆沙、松仁、紅棗、胡桃、臘肉、豬肉等等，此俗一直沿續至今。

端陽節

　　節日習俗。亦稱重午節、端午節、或五月節，時間為農曆五月五日，為紀念愛國詩人屈原。這一天有吃粽子的習俗，聊城城鄉的粽子是用糯米或黃米裹上紅棗、火腿、豆沙、白糖等不同的餡，拿葦葉搭配孤皮（竹筍外殼）包成，煮熟後，甜香爽口。農家多以黃米和紅棗、白糖為主。點心鋪製作的粽子，花色繁多，聊城較有名氣的點心鋪如義源成、毓興和、恭和成等，都在端午節大批製作。一個節日，全城粽子的銷量可達十餘萬隻。這一天，聊城有門插艾枝、懸葫蘆的習俗。從五月初一到初五街上有專賣消災葫蘆的。這是一種木刻板畫，在半尺

許紅色或黃色紙上，印有一隻束腰葫蘆，上有「平安」二字。小販由本城清孝街門神店批發而來，沿街串巷兜售。買來貼在大門上，以取端午消災避瘟之意。這一天，城鄉居民採艾枝插在大門、屋門和床頭各處，意在祛邪除穢，防疫滅蟲。婦女和兒童還佩戴衣香粉荷包。端午節前，集市上出售香麵的生意人，搭棚擺攤，掛上布製的彩繪廣告，上畫五毒蟲類和白蛇傳故事，以招引觀眾。案桌上擺滿了瓶瓶罐罐，內裝各色香麵，其中有丁香、蒼朮、雄黃、白芷、山奈、甘松、細辛等等。婦女們買茴香麵，用碎綢布和五彩絲線做成虎形、葫蘆形、雞心形荷包，竟奇誇巧，玲瓏好看。將香荷包掛襟帶之間，馥郁的藥香，為人們避邪祛穢。

雨　節

節日習俗，流行於東阿縣大李鄉李車店一帶。相傳，李車店是禿尾巴老李的故鄉，每年的農曆五月十三日這天，是禿尾巴老李回娘家的日子，俗稱「禿尾巴老李回娘家」。在這一天，李車店一帶村莊的農民沒有曬東西的。相傳，禿尾巴老李回娘家時，要裹風帶雨，有時還要帶冰雹（當地叫做巴子）。李車店附近至今還有一個「巴子坑」，相傳就是禿尾巴老李帶「巴子」「砸」的。當地有句民謠：「大旱小旱，過不了五月十三」，意思是盼禿尾巴老李回娘家時帶點雨水來。此俗至今仍在流行。

半年、七月七

節日習俗，流行於臨清一帶。每年農曆六月初一這一天，

家家包餃子供祖先、供老天爺，保佑這年豐收，謂之過半年。有的地方每到夏至家家都吃過水麵條，相傳，吃了過水麵，這一夏天不中暑。七月七日這一天，相傳是牛郎織女相會的日子，亦是「七巧」之日。早年間，這一天多演牛郎織女的愛情故事。每到這一天晚上，有的人靜候在葡萄架下聽牛郎織女說悄悄話。如果這天下雨，就意味著他（她）們在哭泣。以上過半年和夏至吃涼麵仍流行，七月七已不很重視。

中秋節

又稱「吃月餅」，節日習俗，流行於聊城一帶。相傳元至正八年（西元 1271 年），忽必烈統一中國建立元朝後，為了防止人民反抗，每十戶漢人中派一名蒙古人監督統治，作威作福，橫行無忌。為防止人民造反，收繳了一切鐵器，每十戶用一把菜刀，並用鐵鏈鎖著。元末農民起義領袖朱洪武、劉伯溫等人，秘密串聯，於中秋節前夕，與製作月餅的商人定好，每個月餅中藏一個「殺」字，作為統一行動的號令。果然在中秋吃月餅時，掰開月餅，見有一個「殺」字，憤怒的人民一起行動，將派駐的蒙古兵殺死，又稱「殺韃子」，推翻了元朝統治。人們每到中秋節，就吃月餅，紀念這一群眾鬥爭的節日，在聊城一帶製作月餅時點一個紅點，相傳就是八月十五殺韃子的信號。也有的說月餅餡中的青紅絲，就是當年殺韃子時製作「殺」字的原料。臨清人每到這一日，親友之間相互饋贈月餅、水果、水酒等。早些年，每到這一天，人們在院中擺月餅、水果等供品，還要在供桌前放上幾棵豆秧，兩株棉花。相傳，月亮上的陰影是一棵大松樹，月亮娘娘的女傭坐在松樹下

紡棉花，紡車後面長著青草和豆秧，供月亮上的小兔吃，人們每到這一日都仿照這一切上供。上供月亮娘娘的習俗已不常見，但吃月餅、相互贈送月餅、煙酒、水果十分流行，特別是城區越來越盛，並成為交際的機會。

拜　月

節日習俗，流行於聊城一帶。早年間，中秋之夜盛行拜月。當圓圓的月亮剛剛升起時，人們就在院中設香案，擺上供品，焚香叩拜。民間有「男不拜月，女不祭灶」的習俗。拜月時，老太太一邊磕頭一邊禱告：「八月十五月正圓，月餅西瓜敬老天，敬得老天心喜歡，一年四季保平安」。拜後，全家人邊吃月餅、瓜果、邊賞月，老年人則給孩子講嫦娥奔月、吳剛伐桂等故事。此俗在有些地方至今流行。

重陽節

節日習俗，流行於聊城一帶。農曆九月初九，文人墨客往往聚集一堂，賞菊吟詩。近些年來，每到這一天多辦菊展，各界人士觀賞菊花、吟詩作畫，別有一番情趣。近年來又把九月九日規定為老人節。各單位多於這一天慰問老人。近年來此俗比較流行。

臘　八

節日習俗，流行於聊城一帶。農曆十二月初八，是臘八節。這天各地都有喝臘八粥的風俗。相傳喝臘八粥有喜慶豐收和預祝來年五穀豐登之意。臘八粥又叫七寶粥、五味粥。先將

大麥米、白芸豆、赤小豆、綠豆煮成半熟，再加進糯米、小米、黃米，先用旺火，後用文火，慢慢熬得粘稠適中。吃時加糖，並拌和預先煮熟的紅棗、栗子等。有的還摻入蓮子、薏米、菱角、白果、桂圓等等，其實是集豆穀果品之大成，別具風味。不僅清香甜美，且營養豐富，為人們所喜食。施捨臘八粥在聊城也十分流行。明清兩代，聊城各大古剎如城關的靜業禪林、鐵塔寺，東鄉和南鄉的王官寺、青龍寺、白馬寺、洪福寺，西鄉和北鄉的閣覺寺、高佛寺、彌陀寺等，都用大鍋熬粥，凌晨放在寺廟外，另備碗筷，施捨過路行人。進入民國後，特別是日本侵略軍侵占聊城時，寺廟多被毀壞，施捨臘八粥之俗也從此消失。

醃臘八蒜的習俗，把生蒜瓣剝去皮，放入容器中，倒入醋，使蒜浸泡在醋中，在封閉容器。春節時打開，蒜瓣已變成綠色，因顏色翠綠又稱翡翠蒜。滋味酸脆爽口。臘八還有給小女孩扎耳朵眼的習慣。趁兩耳凍得麻木時，在兩耳垂各扎一孔，穿入紅線，待小孔長好後，再戴上細銀絲的墜子。

臘八粥

節日習俗，流行於東阿縣及聊城一帶。晉朝以後，把夏曆的十二月定為臘月，十二月初八稱為「臘八」。相傳，佛祖釋迦牟尼在這天成道。為了紀念他，北宋東京各大寺廟都在這天舉行集會，做八寶五味粥。相傳，吃了八寶五味粥能增福，這種粥也叫「臘八粥」。以後民間都做臘八粥，東阿、聊城一帶做臘八粥多用黃米、紅棗，用黃米和紅棗做臘八粥有兩層意思，一是說當年釋迦牟尼於臘月初八這天清晨喝了粥離開家

門，「棗」是「早」的諧音，意味著今天喝的臘八粥就是當年釋迦牟尼當初喝的粥，象徵吉祥；二是米為五穀之一，黃米粘性大，粘與「連」諧音，臘八粥做的稠一些，粘糊糊，意為連年豐收。臘八這一天，把剝去皮的蒜醃製在上等醋裏，稱為「臘八蒜」，其色翠綠又稱為「翡翠蒜」。過年吃餃子時，雪白的餃子裏放上幾枚翡翠蒜，不僅食欲大增，而且有生機提神的效益。早年間，臨清還流傳著：「吃了臘八飯，難過鬼門關」，意思是自這一天起債主開始清理債務，窮人把清債稱為鬼門關。民國年間，高唐縣私塾從臘八放寒假稱為「打散」日。喝粥、醃蒜之俗還很流行。

扎耳眼

節日習俗，流行於東阿縣及聊城一帶。每到臘月，天寒地凍，民間有「臘七臘八凍掉下巴」的說法。這一天有給小女孩扎耳朵眼的習俗。扎耳朵眼前，先領女孩到屋外凍一會，待凍得耳垂發紅露紫色時，大人用兩粒綠豆夾住耳朵用勁一擠，再用粗針穿孔。也有的領孩子到野外看臘八姑姑，回來後扎耳朵眼，臘八姑姑會保佑女孩不疼痛，近年來已不見此俗。

辭　灶

節日習俗，流行於茌平縣。俗稱「臘月二十三，灶王爺上西天。」1949 年前，境內居民晚飯後供糖果祭灶王，焚紙燒香，叩頭跪拜，祈求灶王「上天言好事，下界保平安」。並取下灶王畫燒掉，燃紙馬為其送行。現辭灶習俗已很少見，但貼灶王畫的習慣仍很流行。

辭　灶

又稱祀灶、祭灶，節日習俗，流行於聊城一帶。臘月二十三日，民間視為辭灶日，當地有句民謠：「臘月二十三，灶王爺上西天」。相傳，灶王爺是玉皇大帝派到人間監視善惡的神，人們尊為「東廚司命」、「灶君」、「灶王爺」。他於每年的臘月二十三這一天，便上天向玉皇大帝回報一次人間善惡。為此，家家為他設祭餞行，謂之辭灶。時間在臘月二十三日晚間進行。辭灶時，先擺上糖果和粘米麵窩窩，然後燒香磕頭，把舊灶神連同兩邊的「上天言好事，回宮降吉祥」的對聯一同揭下來火化，就算是灶王上天了。在火化灶王的舊像時，一家之中的老年人還要唸叨：「灶王灶王您上天堂，多說好，少說歹，五穀雜糧全帶來」。那些求子心切的則唸叨：「臘月二十三，灶王上西天，多說好來少說歹，同時帶個胖小來」。在火化灶王像的同時，還要燒一些穀草和雜糧，意思是給灶王餵馬加料。人們把臘月二十三這一天還稱為過「小年」。此俗至今流行。

辭　皂

節日習俗，流行於聊城一帶。皂王，亦稱皂君、灶王，被說成是一家之主，無論城鄉居民，家家供奉。相傳每年的臘月二十三日夜晚，皂王便騎馬上天，向玉皇大帝稟報這一家人全年中的功與過。人們恐怕他不肯隱惡揚善，便在辭皂祭拜時，特意供上能粘牙齒的麥芽糖，吃後糊著嘴不便說話。祭皂上供的皂糖有寸金、雞骨、麻片等幾個品種，全是麥芽、黃米熬成

的飴糖。祭拜後把灶王神像揭下，伴同稭草、麩料、皂王襪子等一齊在大門外焚化。待到除夕再貼上新的灶王神像，並配上「上天言好事，回宮降吉祥」的對聯，表示皂王已回宮，同一家人共度新年。

請家堂

又叫祭祖，節日習俗，流行於東阿、聊城一帶。除夕日（臘月的最後一天）下午，家家戶戶都將家譜掛在堂屋正面牆上，又稱「掛軸子」（上面寫著列祖列宗和先考先妣的姓名），有的供靈牌。備好香爐、燈籠、紙表、鞭炮等。待到黃昏時，由家長帶領子孫數人，到村外陵（墳墓）前，磕頭、點鞭炮、燒紙，一邊唸叨：「老爺爺，老奶奶，都回家過年了。」回家後點燈燒香，到吃飯時將第一鍋水餃盛上一碗上供，此俗至今在民間還很流行。

忌多嘴

節日習俗，流行於陽穀縣北部、東北部村鎮。夏秋季節揚場時，嚴禁婦女進場或經過揚場的地方，同時忌一切人評議、估計產量，否則必遭白眼。為提示愛多嘴者，揚場時多於旁邊顯眼處掛一籠嘴（用鐵絲或樹條編織成的兜狀物，下田或打場時戴在牲口嘴上，防其偷吃）。來往行人見到籠嘴，多趨而避之。即有不識趣者上前搭訕，主人亦不與理睬，唯以目視籠嘴，以示緘口速離。現今此俗已很少見。

二、生育

坐月子

　　高唐縣稱「占房」，生育習俗，流行於臨清、高唐縣一帶。生男孩，稱「添大喜」。門口懸掛弓箭，以示「尚武」之意。生女孩，稱「添喜」。慶祝儀式以頭胎最為隆重。嬰兒出生的第三天，宴請親友，謂之「過三天」。每位前來賀喜者必由主家送以煮好染紅的雞蛋，生男孩送 4 個，生女孩送 3 個（男雙女單）。親友聞喜後即以饊子、掛麵、雞蛋、紅糖、花布、嬰兒衣帽、鞋，近年還送寶寶服等，送與產婦，謂之「送湯米」。主家回禮均用紅雞蛋。生男孩 8 天或 12 天，生女孩 9 天，主家宴請親友鄰居，謂之「做日子」，又稱「吃日子」。女眷如看嬰兒，要給嬰兒「看錢」。到第 99 天，宴請親友，謂之「過百歲」，又稱「做百日」。親友以衣物、玩具等相贈。此俗至今流行。

吃喜麵

　　生育習俗，流行於陽穀全境。嬰兒出生後，即向親朋好友「報喜」。生男孩謂之「大喜」，女孩謂之「小喜」，並約定慶賀日期。屆時親友多以雞蛋、紅糖、掛麵及嬰兒被褥、衣物等登門致賀，俗稱「吃麵」或「吃喜麵」。至傍午客人到齊

後，主辦人家先以長壽麵（煮掛麵）款待，然後上酒菜。所帶雞蛋、紅糖、掛麵等一般按收三壓二比例處理，並回敬以少許錢幣及紅蛋。親友如探視新生兒，需準備一定數量的「看錢」，其數量多少視關係親疏遠近及各自的經濟條件而定。至今此俗在城鄉沿襲不衰，以生第一個孩子時最為隆重。

賀　喜

生育習俗，流行於東阿一帶。嬰兒出生後的 9 天或 12 天（東阿縣則為女孩 9 天，男孩 12 天），親朋好友，特別是產婦娘家人，帶上紅糖、掛麵、雞蛋等祝賀添喜。吃麵這天，主家將嬰兒抱出來讓親戚朋友們看看。凡看新生嬰兒的長輩還要給嬰兒錢，又稱「拿看錢」。吃飯時，所到親友，每人先喝一碗掛麵，亦稱長壽麵，再上酒菜，最後上飯菜。

認乾娘

生育習俗，流行於魯西一帶。嬰兒出生後，怕剋父母或不好養活，便讓嬰兒認打麥場中的石滾為「乾娘」。認「乾娘」時，一般都由家長帶著孩子，先把石滾立起來，拴上紅頭繩或蓋上一塊紅布，叫孩子給石滾磕三個頭，如孩子過小，就由母親抱著孩子磕頭。之後，每年的除夕晚上，孩子都要去給石滾燒紙、磕頭、上供（一般是一碗小餃），以感謝「乾娘」的保佑。東阿縣西部一帶還有認槐樹為乾娘的。

認乾娘

生育習俗，城鄉普遍流行。其原因一是兩家交情較深，以

兒女為乾親家，雙方多一重親誼；二是父母自認子女嬌貴，給他找個乾娘，多一份疼愛，多一份依靠。有的認為子女的八字不能長壽，只有出寄於某種生肖的人才能解脫災難。或者因子女八字沖剋父母，只有寄給乾娘才能免去沖剋。認乾娘的程序是，選好吉日良辰，父母帶領孩子，攜著酒饌茶點，前往受寄者家中。在正屋內擺上香燭供品，讓孩子給乾娘磕頭，同時燃鞭炮以示慶祝。乾娘便回贈乾兒女金銀飾物或衣帽之類，有的還依自己子女的排行再起了個名字。以後每逢節日，都禮尚往來。乾兒女長大成婚，首先請乾娘吃喜酒，並按家長之禮相待。乾娘像對待自己的孩子一樣出彩禮為乾兒女添箱祝福。還有的怕子女不能長壽，便拜一株老槐樹、廟中神像、一座石獅或一個石滾做乾娘的，以求庇護，且省錢省事。既已拜認，遇年節也領孩子到乾娘跟前，焚香磕頭。久後年壯體健，也就漸漸疏遠了。1949 年以後，此俗已不盛行。

認乾兒

生育習俗，流行於莘縣一帶，認乾娘的多為晚生獨子。孩子生下後或數月或數歲，選中一戶人丁興旺，人緣較好的家庭，讓兒子認其主婦為乾娘，並預先給乾娘製作一件露襠褲，將小孩子送入乾娘褲襠裏，按生育孩子的程序演習一遍，即謂是乾娘所生。有的乾娘怕「剋」，躲到廁所或廚房裏，當認乾娘的人進屋後再出來應酬。儀式完畢，按其家庭子女輩次列入，有的連名字也按所認戶家子女編排，姓不變。也有的小孩認不到乾娘的則指一棵樹為乾娘，將一個鎖鏈套在小孩脖子上再摘下鎖在樹上。從此，逢年過節和重大家事活動，都邀參

加。此俗至今流行。

闖　名

生育習俗，流行於莘縣一帶。新生兒起名時，莘縣農村有為孩子（闖名）的習俗。即由長輩抱著嬰兒出門，碰見的第一件東西，就作為孩子的名字。如出門第一眼看到一輛大車，就給孩子取名大車，其他如雙豬、二牛，甚至有的叫黑驢等。有的按孩子排行再冠以大、二、三。這名字俗稱乳名，多數孩子到入學時另起學名，也有的一生就這一個名字，此習俗至今仍流行。

剃滿月頭

生育習俗，民國初年流行於聊城一帶。特別富裕人家在嬰兒滿月那天，很講究給嬰兒剃滿月頭，多在宴請親友吃滿月酒的同時，特地請剃頭師傅到家中。一進大門，剃頭師傅就邊走邊唸：「一進門來步步寬，腳下踩著紫金磚。紫金磚上生蓮子，蓮子上面落鳳凰。鳳凰不落無寶地，狀元一定出在你府上！」聊城書肆刊印有木版線裝本《淨髮須知》，上面有關於剃滿月頭歌訣的記載。剃頭時，嬰兒要由其祖父或祖母抱著，坐在堂屋正中，腳下踩著紅綢（或紅布、紅紙），儀式格外隆重。剃頭時，在頭頂要留下一塊桃形頭髮，遮蓋住顖門，以保健避凶。將剃下的胎髮收集起來，搓成桂圓般大小，用彩色絲線穿好，掛在嬰兒的床頭，以增長孩子的膽量。女嬰的胎髮，由母親用紅布包紮，綴上一絡彩色絲線，掛在家中的織布機上，以使孩子將來能紡善織。嬰兒剃滿月頭，親友多送一頂小

童帽，上綴圓形銀飾，圖案為壽星、獸頭，或繡以「長命富貴」、「金玉滿堂」等字樣。而剃頭師傅除了得到一枚用紅紙封著的銀元作酬謝外，還被邀共飲滿月酒。

起乳名

生育習俗，嬰兒在滿月之前起乳名的習俗至今流行。乳名，俗稱小名，亦稱乳名、奶諱等。乳名為了便於呼喊，往往隨意而起。有的按孩子的屬相，並在名字前加一「小」字，以示親昵，如小龍、小虎。有的按其弟兄或姊妹排行的，如小二、小三。有的人家擔心男孩子嬌貴，害怕夭折，有意起個女孩的名字叫「丫頭」或「小妮」。也有的希望男孩會結結實實長大，起名叫做「鐵蛋」、「石頭」、「柱子」之類，堅硬而不易破碎，且有較強的承受能力。還有的家庭，一連生幾個女孩，盼子心切，給女孩起名「招弟」或「帶弟」。女孩子的名字，多以金銀珠翠、花草植物來起，如「翠花」、「小梅」、「小蘭」等。民國年間，聊城一帶城鄉，凡是女孩都帶一個「俏」字，如「喜俏」、「金俏」、「桂俏」等。

留眉頭顱和八十毛

生育習俗，流行於莘縣一帶，農村在嬰兒百日時，用剪刀給嬰兒修剪兩鬢和頭頂後部的乳髮。不剪顱門處稱作留眉頭顱，一直留到上學年齡。六十年代前單傳家庭的獨生子，除留眉頭顱外，頂後部分毛髮也不剪掉，五六歲時將眉頭顱剃掉，而後腦勺梳一小辮，稱作「八十毛」，一直留到老死。其意是怕早夭折斷煙火，後盼長壽活百歲。對此，父母和本人終生都

非常珍視「八十毛」，畏恐失去而危及生命。「文革」初期「掃四舊」時，一般青少年不顧家長阻撓，剪去「八十毛」改為學生頭，而中老年人則多保留到死。此習俗在莘縣農村仍有流行。

抓　週

生育習俗，流行於東阿一帶。嬰兒出生滿一年，叫做「週歲」或叫「一生」。過生日這天，全家人都為孩子慶賀，在桌上擺上書、錢、農具、工具、食物、官帽、木棍等，叫小孩去抓，抓著什麼象徵什麼，稱作「抓週」。如小孩抓著書，大人則認為小孩長大後愛讀書；如抓著錢，則認為長大後準發財，有錢花；如抓著農具，則長大為農；抓著工具，長大則做工；如抓著官帽，全家人就要為之慶賀，認為孩子大了一定能做官；如抓著木棍，全家人則垂頭喪氣，認為孩子沒出息。

拴娃娃

生育習俗，清末民初流行於聊城市一帶。婦女婚後不育，便去菩薩面前祈禱，懇求賜予兒女。專司婦女生育的「送子觀音」和「送子娘娘」，多在廟中眾多神像之間，冠服靚妝，相貌莊重慈祥，懷中抱著嬰兒。她膝下還有很多泥塑嬰兒，嬉戲玩耍，個個形象逼真，招人喜愛。求子婦女焚香磕頭之後，便用一根紅線套在意中泥孩的頸上，口中喃喃唸道：「孩兒，跟娘回家啦！」並把泥孩胯下的小雞（男性器官）掐下，帶回去用水沖服，此時便確認把孩子拴住。被掐去小雞的男孩，由廟中的主持及時補上。早年間，聊城城關可拴娃娃的廟宇就有好幾

處，有白衣堂、子孫堂，東關街的白蓮庵、碧霞宮、七聖堂、白衣堂等。廟中的神殿上常有這樣一副楹聯：「我本是一片婆心送這個孩兒給你，爾須行百般善事要留些陰德與他」。

百家墜

生育習俗，流行於冠縣一帶。有人晚年得子，村中專愛管紅白喜事的人便斂一百家的錢，打一個銀質墜子，掛在男孩的耳朵上，這個墜子就叫「百家墜」。斂的錢多了，就再打一個銀鎖子或其他銀器。打製百家墜子的目的就是祝賀晚年得子，祝願孩子快快長大成人。得子人對操辦斂錢者擺一桌酒席表示感謝。此俗近年來見少。

寄 僧

生育習俗，清末民初曾流行於聊城一帶。父母為使兒子能夠得到佛祖保佑，從小就把孩子領到廟裏，拜老方丈為師。行拜師禮前，方丈給徒兒穿戴上家中預先送來的小僧衣僧帽，擺上供饌，燃起香燭，孩子逐一向佛像、師父叩拜，並向廟中師兄行禮。然後，由師父起法名。有的富裕人家，還要擺幾桌素齋款待眾僧，並奉上一筆佈施，表示誠意。從此，這孩子就算是廟中的寄名和尚。每逢年節，都要穿好僧衣，來廟中拜佛，向師父磕頭。寄名和尚雖不跟和尚念經打坐，但覺得已遁入空門，有菩薩神佛保佑。待孩子長大，成婚之前，還要舉行還俗儀式。寄僧和尚來到廟裏，故意從方丈屋中拿走一樣東西揣到懷裏，如筷子、毛筆等，再拿把笤帚在院子裏掃地。這時，老方丈出來喝問：你偷我東西了嗎？接著，不由分說，從他懷裏

掏出物件，並奪過他手裏的笤帚，劈腚打一下，喝道：你犯了佛規，不配再當和尚，從此逐出佛門，還俗回家去吧。這寄僧和尚撒腿就跑，一直跑回家，算是已經還俗，可以娶妻成婚了。事後還須給廟裏施些香資。

開鎖子

生育習俗，流行於冠縣一帶。孩子生下後，擔心孩子不容易養活，把紅頭繩繫成圈，套在孩子的脖子上。三天後把紅頭繩摘下，穿一個制錢，再繫成圈，掛在灶王爺的畫像前，由灶王爺看護，又稱在陰間坐監。以後的每年正月十五再做一個同樣的「鎖子」，掛在灶王爺像下，一直掛到孩子 12 歲為止。孩子滿 12 歲的這年，在正月十六日前，選一個吉日，通常選初六、十六開鎖子，寓意六六大順。開鎖子的意思是：孩子長大成人，再也不須灶王爺看管了。這一天姥姥提著一把裝滿米的水壺提前來到外孫子家。借「水米」之意（又叫做送飯），妗子、姑、姨等親戚前來送飯，有「姑的米、姨的麵」之說。親朋好友、街坊鄰居也用壺送飯。大都送大包子、棗捲、饃饃等，一般送兩個。開鎖子的儀式在正房前舉行，先擺一張桌子稱為香案。香案上擺 5 碗饃饃、5 碗菜。找一個全人（即兒女雙全，丈夫健在的女人）主持。香案用布圍住，寓意為監獄。開鎖子的人蹲在布圍裏邊。香案前橫一條板凳做為監門，上面擺 12個制錢。選一個大屬相（龍、虎）的人站在香案前手執繫有 7 個制錢的七節鞭，寓意把守監門。主持人首先給老天爺燒整股香禱告，一邊說：「××開鎖子哩，出監哩，您是諸神之首，請保佑他（她）長大成人，百事百順。」然後給灶王爺燒三根

香，並說：「灶王爺，本姓張，沒事不給你燒香，今天家中有個事，燒香給你來商量。孩子你保佑了 12 年，今天叫他來出監，今後你還得多保佑，保佑他長大成人，人財兩旺，萬事平安」。另外還要給各路神仙燒香禱告。而後，把守監門的人往「監獄」中放 12 個饃饃，「出監人」要在每個饃饃上咬一口，意思在監獄裏吃了 12 年飯。吃罷監飯，由 12 個人把擺在桌子上的 12 把鎖打開，算是闖過了 12 道關。這時馬上點燃鞭炮。在鞭炮聲中，「坐監人」推倒「監門」，闖出「監獄」，圍觀的小孩一哄而上，搶拾制錢。「坐監人」在把守監獄人的抽打下往外跑 100 步，撲倒在早就等候的舅舅懷裏。舅舅手執剃頭刀在「坐監人」頭上刮一下，由舅舅抱回家。就算「得舅（救）」了。剃一下頭的意思是：坐監長髮垢面，為脫離監獄的意思。開鎖子的儀式到此結束。親朋好友開始飲酒祝賀。此俗在農村仍有流行。

睡沙袋

生育習俗，新生兒睡在沙袋子裏，這一習俗早年間在聊城民間廣為流傳。前些年，聊城、臨清一帶，許多剛生下的新生兒，都放在沙袋中睡，有的一直睡到一歲多。

生孩子前就選好沙土，把沙土中的大砂粒和雜物撿出來，而後把沙土放入鐵鍋中炒到七八十度，以除去潮濕，又有消毒作用。將炒好的沙土放涼到 30 多度，再將沙土放到沙袋中，沙袋為 1 尺寬、1.5 尺長的布袋子。沙袋周圍放上熱水袋，早年間則安放燙壺以為嬰兒保溫。

把嬰兒胸以下的部位放進沙袋後，沙袋上蓋上被子，過一

段時間換一次熱水，以保證正常的溫度。每過一晝夜換一次沙子，將用過的沙子再放入鍋中炒熱。用上幾次必須換新沙子，以次類推。每次換沙子時，孩子身上都很乾爽。沙袋省去換尿布、洗尿布的麻煩，但卻要經常炒沙土。所以當地有聊城一大怪，生了孩子埋起來的說法。

三、婚嫁

提　親

又稱說媒，婚嫁習俗，流行於臨清、莘縣、聊城一帶。早些年，青年男女的婚姻之事，須遵從父母之命、「媒妁之言」。男子到十五六歲開始，父母先找好門當戶對的人家，再托媒人去求親，女方向男方求親叫「倒提親」。有羞男不羞女之說。媒人將男方女方的情況介紹後，雙方就暗暗尋問對方的長相、性格、品行、家產、兄弟及父母情況，經過打聽，雙方都較滿意時，再請算命先生「合八字」，看是否「犯剋」，如八字不合，不能成親。近年來合八字的習俗漸少。

相　家

婚嫁習俗，流行於東阿縣境內。男女雙方訂婚時，女方家長由媒人帶領去男方家相家，實際是看家產，如有多少畝地、多少間房屋，以及傢俱等，再看姑爺的品貌。男方為了給女方一個好的印象，往往在相家時，精心裝飾一下門面，有的還要借他人物品來擺飾。現在相家風俗仍在農村流行。但也有的不通知男方，偷偷去看看，找熟人打聽一下，以便心中有數。

送小帖

又稱定親，婚嫁習俗，流行於臨清、莘縣、聊城一帶。提親之後，雙方都感到滿意便確定送小帖，由男方送小帖於女方，送小帖時一般帶有彩禮，彩禮講究成雙成對。莘縣一帶，在 1949 年前後，一般送四雙襪子、二副帶子（紮褲腿角用）、金銀首飾等四種。六十年代後彩禮逐漸增多，除鞋、襪、成衣外，還有數量不等的衣料和現金。臨清一帶除上述物品外，還有送化妝品、肉食品、糕點等禮物。由媒人帶領送到女方家，女方收禮後即以鞋、帽等為回禮。

傳大啟

臨清又稱下媒啟，還稱「灑八字」，婚嫁習俗。流行於莘縣、臨清一帶。為男方送給女方的第二次帖，並隨帖贈還彩禮，而且彩禮比第一次送小帖時要多。1949 年前後主要有衣料四套或六套，多者八套不等，全套金銀首飾，四五十元現金不等。七十年代後，彩禮逐漸增多，除 10 至 20 套衣料外，現金多在 1 至 3 千元之間。前些年送 1001 元，謂之千裏挑一；近年來有的送 6666 元，謂之六六大順；還有的送 10001 元，謂之萬裏挑一。回啟時，將女方生辰送給男方，以備擇吉日完婚，同時將男方送來的彩禮作為回禮給男方一部分，一般為襪子、毛巾之類等。

見　面

婚嫁習俗，流行於聊城一帶。見面分大、小見面，一般由

媒人帶領，約定在另外一個家中，或媒人家中，有的地方男方還要給女方一定數量的見面錢。待男女雙方及其家長基本滿意後，再行「大見面」。大見面時，男方親自帶著禮物到女方家中，禮物大致有：雞、魚、肉、煙茶、酒、糖等。女方要把院中長輩姥娘、姥爺或舅舅、妗子等請來陪客。見面時，男方將事先準備的見面禮錢用紅紙包好，親手交於女方，女方則多留少退。見面後，婚姻關係基本確定下來。

傳　啓

　　婚嫁習俗，流行於陽穀縣境。五十年代前男女婚姻全憑「父母之命，媒妁之言」。經媒人說合，雙方父母瞭解對方的年齡、相貌、家庭狀況、財產等情況以後，認為基本可以，即行允婚，托媒人傳換「小啟」（又稱「小字」），載明年庚屬相及生辰日月。雙方請人「合八字」，若無「相剋沖犯」之處，再擇吉日訂立正式婚約，稱「傳大啟」。屆時男方向女方贈送首飾、衣料，女方收受後，則回贈以「文房四院」或其他物品。「傳啟」後，男女便成為「合法夫妻」。1949 年後《中華人民共和國婚姻法》頒布並實行，此俗逐漸廢止。現在陽穀縣中部閻樓一帶村莊，青年男女訂婚時仍有「換小字」的說法，但其內容比以前有明顯區別，已無「合八字」之說。

查日子

　　婚嫁習俗，流行於臨清一帶。結婚日期要由占卜先生根據女方命相查定，五十年代以前最盛行。查好日子，雙方協商擇定吉日中最合適的一個，男方將結婚日期正式通知女方，並附

「迎親帖」，俗稱「上頭帖」，上書新娘衣冠、開面、梳妝、上下轎方向、時辰等事項，並送女方所要的彩禮。彩禮須照數付齊，如有拖欠，女方便不收「迎親帖」。女方收下「迎親帖」，即示定下喜期（結婚娶親的日子）。

認　家

婚嫁習俗，流行於臨清魏灣鎮一帶。訂親的男子要想第二年迎娶媳婦，在第二年立春前，把沒過門的媳婦接到自己家裏，全家吃頓團圓飯，人們把這一習俗稱為「認家」。這一天，男方要把自己的姑姑、姨姨、嬸子、大娘、出嫁的姐姐、分居的哥哥、嫂子請到家裏陪客。沒過門的媳婦臨走時，在場陪客的人都要給賞錢，老婆婆給錢時還有許多講究，給 101 元寓意「百裏挑一」；給 660 元為「六六大順」；給 1001 元為「千裏挑一」；給 1700 元為「千裏挑七（妻）」。

賀　喜

婚嫁習俗，流行於臨清一帶。在娶親的前兩三天開始賀喜，男方的親朋好友、近鄰、家族多送賀禮、喜幛、匾額，上寫「天作之合」、「福祿鴛鴦」等賀詞。女方的親友多送衣料、化妝品稱為「添箱」。無論男方、女方，許多都送現金。對前來賀喜的親朋，無論男家或女家都以宴席招待，稱為喝喜酒。

通　路

婚嫁習俗，流行於茌平縣大部分鄉村。結婚前一天上午，

男方請二名男青年帶禮品去女方家並沿途看道路，稱為「通路」。1949 年前，兩人用扁擔抬著裝有六個禮、四個盤的食盒和一隻用紅繩拴腿的紅色公雞去女方家，沿途察看道路是否暢通、平坦。講究由外向裏轉，來去不同路，亦稱不走「回頭路」。至女方家，講一講兩村不同習俗，商議接嫁妝、迎娶、接日子等事的具體安排。告辭時，女方添減禮品，另贈一隻紅母雞。通路人另擇道路返回。下午接嫁妝、第二天迎娶均按「通路」的路線走，以求吉利平安。1949 年後，通路習俗簡化，一人騎自行車馱食盒和紅公雞去女方家，禮品也較前簡單，方式隨便。此俗至今流行。

送 吉

婚嫁習俗，流行於高唐縣一帶。結婚的前一天，男方派人帶一隻公雞到女方家走一趟，稱為「通路」，一是告訴女方娶親的日子不變，二主要是沿娶親的道路上細心查看道路是否平整，車轎是否通行。男方所派的人到女方家後，將公雞送上，女方便回敬一隻母雞給男方家。此俗至今在高唐盛行。

送嫁妝

婚嫁習俗，流行於東阿縣、聊城、陽穀一帶。在結婚的前一天，或在結婚的當天早晨。嫁妝一般是被褥、桌椅、箱櫃等，家境拮据的則從簡。嫁妝的箱、櫃、桌等都是用鎖鎖住。鑰匙由送嫁妝的人拿著。嫁妝送到後，男方要設宴招待所有送嫁妝的人，還要用紅紙包上一定數量的錢，姑爺親自用託盤端上去，託盤裏還要放兩瓶好酒和好煙，姑爺要為送嫁妝的人斟

酒點煙，送上紅紙包，並說些客套話，送嫁妝的人方將鑰匙交給姑爺。也有的把鑰匙交給新娘的弟弟或小侄，一旦紅包內的錢少時，他（她）可拒交鑰匙，直到滿意為止。讓新郎家人哭笑不得。此俗至今流行。

結　婚

又稱喜期，俗稱迎親，婚嫁習俗，流行於臨清、莘縣、聊城一帶。喜期前男方要蓋房、粉刷裝修好新房、準備傢俱等，女方則準備嫁妝。根據事先商定的「吉日」，將女方迎到男方家完婚。早些年，在莘縣結婚這一天，由男方家出一乘八抬大轎（也有出兩乘的，男女各一乘），一輛大馬車，車上坐一娶女婆，一名十歲左右的小男孩，並放一俊俏公雞，到女方家接新娘，接親回來時，女方家選四名送女客，也叫伴娘（兩名長輩、兩名同輩），一名送女婆，一隻母雞，備一輛拉嫁妝的大車隨男方車轎一同到男方家，新娘下轎前，用火把燎轎一圈，並燃放鞭炮，由兩名女方送親的男人將新娘扶下轎，並用柳圈椅將新娘抬至院內上房前，拜天地（「文革」期間向毛主席像三鞠躬）而後入洞房，新娘到男方家的第一餐，只能吃女方家自帶的麵條，送親人則由男方宴請。飯後，女方送親人與男方雙親（親家）見面，相互客套幾句後返回。當天結婚儀式結束。近幾年結婚時多用小轎車、大卡車、拖拉機等，代替了原來的八抬大轎和大馬車，有的地方送親和迎親的騎自行車。女方的陪嫁由原來的幾床被褥、二三件傢俱提高到 10 餘套被褥、多件傢俱、沙發、自行車，富有者陪送彩色電視機、冰箱、洗衣機等。結婚儀式變化不大。臨清送親時，除傢俱的大件外，必須椅子、盆

架、梳粧檯等,還有許多吉祥物如:竹筷子,寓意快得子;兩棵艾,寓意雙雙恩恩愛愛;發麵酵頭,寓意婚後發家;鹽,寓意有緣,以及長命燈、蔥(生子聰明),凡是女家送來的物品都繫一紅繩,以示喜慶,並送往男家。男方家門窗貼紅對聯、大喜字,迎親隊伍鑼鼓齊鳴,有大、小娶之分。大娶,用雙轎。新郎乘綠轎,亦稱「官轎」,新娘乘花轎在後;小娶,只用花轎,花轎進門時,轎夫小步跑,把轎顛起來,稱「踏街」,又稱「晃轎」。進家門進,燃放鞭炮,奏樂慶賀,新娘落轎時,婆婆送上紅紙包的織布機和剩花籽,讓新娘抱著,意為婆媳共同紡織。用一條紅綢子把新郎新娘連在一起,各執一端,新郎在前,新娘在後,從轎上下來,踏著紅地毯,走進家院。新郎、新娘拜完天地,同進洞房。入洞房後,由公公用秤桿挑下新娘的蓋頭。人們可盡情取鬧,稱鬧房。新人同坐一長凳,稱「坐帳」。新郎喝一口酒,噴在新娘頭和臉上,取「財氣」之意。新郎再端一碗麵條,讓新娘挑麵置於炕席下,稱「落腳長壽麵」。爾後新娘更衣。接著,女方送親的進房。轎夫問候新娘,稱「照房」。新娘坐於炕上,任人評看,稱「坐炕」。入夜,點燃香油燈,內置二燈蕊,新人須小心照管,不能熄滅,為「長命燈」。客人散後,新郎、新娘用紅繩連著的杯子同飲「合婚酒」,吃紅雞蛋,意為婚姻幸福、早生貴子。夜深後,窗外「聽房」。此俗至今流行。

挑蓋頭

早年間的秤為十六兩一斤,天上南斗六星,北斗七星,另加福祿壽三星,一共十六星,以示吉星全到,大吉大利。也有

稱心（秤星）如意的意思。再次秤插到方桌上的斗裏，斗裏盛滿五穀，寓意糧滿倉。斗的四角插五彩旗，為破除邪祟。桌上供各方神靈，一拜天地，二拜父母，三夫妻相拜，以後進入洞房。

登　糕

婚姻習俗，流行於茌平縣的賈寨、洪屯、楊官屯、蕭莊、菜屯等鄉鎮的大部分村莊。1949 年前後，民間結婚用轎或木輪大車。接回新娘後，新娘的嫂子雙手抱著用紅布包好的棗糕至轎或車前，新娘雙腳分別登糕後方可下轎或下車，寓意為「步步登高」。六十年代後，結婚多用自行車，登糕習俗漸衰。

鋪　床

婚嫁習俗，流行於東阿縣一帶。一般在結婚的頭天晚上，也有的在當天下午。由兒女雙全的大伯哥嫂子來鋪床疊被、安放枕頭，床鋪好後還要在床的四個角上放一些紅棗、花生，寓意早生貴子，花花著生，男女雙全，或者讓小男孩在床上打個滾、坐一會。此俗至今流行。

掃　床

又稱掃炕，婚嫁習俗，流行於冠縣一帶。新婚的當天晚上，在新郎的嫂子中，找一位能說會道的到洞房去掃床。她拿一把繫有紅頭繩的新笤帚，走到洞房新床前唱道：「新人進新房，新人請俺來掃床。四個金磚墊床腿，綢鋪綢蓋搭在床上。

一頭一個二人枕，二人枕上繡鳳凰。鳳凰落處有寶地，高樓蓋到正中央。珠簾子、白粉牆、五色門簾高高掛，你快叫人下廚房，給俺端來四個菜，俺給你倆掃掃床。」這時，將早已準備好的四個菜端到床前（也有的不端，只是說說而已。端來的菜也不一定都吃），說笑一陣後，接著掃床，接著唱道：「頭把掃個金滿櫃，二把掃個珍珠滿堂，三把掃個夫妻恩愛，四把掃個父母安康，五把掃個五子登科，六把掃個六六大順，七把掃個七龍戲水，八把掃個胖娃娃來到面前。」掃到這裏，鬧房的人已和新娘子嬉鬧取笑起來。掃床的接著唱道：「九把掃個人財兩旺，十把掃個四世同堂，十一把掃掃床裏邊，有了孩子做武官，十二把掃掃床外邊，有了孩子做狀元。」這時掃床達到高潮，鬧房的氣氛也越來越熱烈。掃床的接著唱道：「狀元他爹！狀元他娘！俺是狀元他大娘」。掃床到此結束，而鬧洞房則已達到高潮，往往把新娘鬧得巴不得奪門而逃。此俗一直流行至今。

鬧洞房

婚嫁習俗，流行於魯西一帶。從新娘進洞房門開始，一直鬧到半夜或過半夜。特別是新郎新娘喝完交杯酒時，鬧得更凶。鬧房人故意使眼色，趁喝酒之際同時推兩個新人一把，造成二人碰頭或擁抱，以此增加歡樂氣氛，現在又增添了「啃蘋果」、「唱歌」、「跳舞」等內容。

聽　房

婚嫁習俗，流行於東阿、聊城一帶。新婚之夜，新婚夫婦閉門睡覺後，多是和新人平輩的人，在新房外躡足屏氣偷聽，

謂之聽房。過去農村住房的窗戶多是木格子，用紙糊的窗戶，聽房人悄悄用手蘸著唾液捅破窗紙，窺看一對新人的秘密。因洞房內的長命燈徹夜不息，聽房的人不僅能聽見，也能看見。所見所聞成為茶餘飯後和勞動之餘的笑料。如果沒有人聽房，叔公公、老公公也要聽。據說新婚之夜沒人聽房不吉利。若誰家的新房窗紙撕的越多越好。有的地方若沒人聽房，父母則將一把掃帚放到窗下，表示有聽房的，有的在窗下立一塊磚，也示聽房。此俗在廣大農村至今流行。

看二日、回門

　　婚嫁習俗，流行於臨清、莘縣、聊城一帶。早些年男女結婚的第二天清晨，女方家派人到男方家看望，稱為看二日。看二日主要看男方的態度好壞，結婚當天晚上，進行房事時，男方有一塊事先準備好的白布，有的則是女方自帶的一塊白布，進行房事時用，看女方是不是處女。如果是處女，男方便將帶有紅的白布向女方家賀喜，一旦白布不帶紅，就有休妻的危險，看二日主要是因為這一習俗。臨清在結婚後的第三天，新娘到同族家拜見尊長，並由婆母陪同上墳祭祖，稱為「上喜墳」。臨清還有接三天的習俗，由岳父給新郎下請帖，請新姑爺，有的稱新姑父及女兒回門，女方的叔、伯、姨、姑、舅都分別宴請或陪客，女方家晚一輩的孩子到酒席前要喜禮，稱為鬧喜。莘縣北部在結婚的第二天，男方向女方娘家發請紅帖，第二天女方父母帶一小男孩前往，男方家備當地上等酒席（一般為三八八、兩大件、四個碗式），由男方家族有威望的長輩作陪，稱為請親家。宴席間互相介紹家庭情況，多數新娘於當天隨父

母回娘家小住，稱為「叫閨女」。莘縣南部，婚後第三天新娘回娘家。一般由娘家弟弟或哥哥接送，也有的新郎伴新娘一同去，當天返回。在過十二天，接往娘家小住六天或九天返回。也有女方父母三天叫閨女的，臨清還有會親家之俗。結婚後，岳父母須在一個月內，帶雞、鴨、魚、肉、煙、酒、糖、茶等其中的四樣禮，又稱「四色禮」，到男方家同親家會面。會面時，各自介紹孩子的情況，希望雙方嚴加管教並原諒一時過錯。回門、會親家的習俗至今流行。

追　節

　　婚嫁習俗，流行於冠縣一帶。在女兒結婚的第二年農曆五月中下旬，選定吉日，娘家人便攜帶床、涼席、涼枕、蚊帳、草帽、紙扇、銅煙袋鍋和女婿過夏的一套衣服，以及粽子、餜子、黃瓜、粉皮等，到女兒家去串親戚。娘家近門近支的親朋也隨同前往，並帶粽子、餜子，少則幾十件，多則上百件（一個粽子、一個餜子為一件）。近年來一般不帶紙扇、銅煙袋鍋，有的則帶電風扇、洗衣機等。婿方要擺宴席，盛情招待。相傳：「不追節，人煙缺。當年不追節，追節光死公公爹」。此俗一直沿續至今，並有日趨隆重的勢頭。追節都在女兒未生孩子的情況舉行，如果第二年五月添孩子，就不再舉行追節了。由於這個原因，這個地區結婚的多在農曆十一月或臘月，與追節有關。

溫　鍋

　　婚嫁習俗，流行於冠縣一帶。出嫁的女兒分家另立爐灶

時，做娘的便帶去一盆發好的麵和棗、柴禾等，到女兒家去蒸發糕，取發麵的發和糕（高）的吉音，寓意「發高」，越發越高，越過越好。也有的蒸一鍋饃饃，也是發的意思，且娘走時，盛麵的盆子不再帶走，留給女兒使用。女兒女婿要擺酒席招待。近年來溫鍋的範圍也有所擴大，在學校、機關工作的已婚青年男女，另起爐灶時，同事、朋友、同學便帶煙酒、茶類等去為他們溫鍋，主人便設家宴招待，也叫溫鍋。溫鍋的習俗一直流傳至今。

招贅婿

亦稱倒插門，或叫招養老女婿，婚嫁習俗，流行於聊城一帶。是一種男到女家從妻定居的婚姻形式。在農村，一個家庭如果沒有兒子，便要想方設法招個養老女婿，以繼承家產，傳延子孫，養老送終。在民國以前，贅婿往往受到歧視，社會地位低下，還要從妻改換姓氏，直到三代之後才能復姓歸宗。結婚前，贅婿本人要當著岳父家和其村莊上管事人的面親自立下「小子無能，改名換姓，從妻生棲，永不反悔」的字據。1949年後，基本革除了這一習俗，實行男女平等，婚姻自由。男到女家的婚姻形式已屬正常。

童養媳、娃娃親

婚嫁習俗，流行於聊城一帶，民國以前，貧困之家因生活所迫，往往在女兒年幼時即將其「嫁出」，送到婆婆家扶養，或把女兒嫁給一個未成年的男子，從衣食住行上照顧「小丈夫」直到長大成人後成親。這種婚姻往往受虐待，加上雙方年

齡差距大，感情不合。1949 年後廢止。1949 年前，關係較親近的異姓人，兩方分別有年齡相仿的不同性別的孩子，在他們年幼時，由大人作主訂下婚約，成人後再行婚禮，稱為娃娃親。

納　妾

婚嫁習俗，流行於聊城一帶。民國以前，一些富裕人家因妻子不能生育，或喜新厭舊，往往再娶一個或幾個女人為妻，稱為「納妾」，又稱「小老婆」。妾稱丈夫為「叔」，稱丈夫的第一個妻子（俗稱大婆）為「嬸子」，自己親生的子女不能叫「娘」，只能稱「姆姆」，妾往往受大婆虐待。1949 年後此俗廢止。

沖　喜

婚嫁習俗，流行於聊城一帶。1949 年前，男子訂婚後，因病臥床不起或病危時，舉行婚禮，借「喜氣」「衝擊」病災，稱為沖喜。

休妻、再嫁

婚嫁習俗，流行於聊城一帶。1949 年前，大多是包辦婚姻，許多夫妻間感情淡薄，在夫權束縛下，婦女的社會地位低下。因不育、婆媳妯娌不睦、疾病、夫妻不和、作風不正、盜竊所謂「七出」，觸犯其中之一者，謂之「犯七出」，丈夫便可據此解除婚姻，名為「休妻」，也有的捏造罪名，休妻另娶。被休的婦女回到娘家也會遭到家人的歧視和社會的歧視。

1949 年後此俗廢止。再嫁，又稱改嫁，婚嫁習俗，流行於聊城一帶。1949 年前，因受夫權的束縛，婦女必須遵循「從一而終」的婚姻習俗，即使丈夫早逝，也不能再嫁，被休的婦女也不能嫁，一旦因生活所迫或其他原因改嫁，也倍受歧視。1949 年後才有改嫁自由。

冥　婚

亦稱「結陰親」、「結鬼親」。撮合冥婚者稱為「鬼媒人」。婚嫁習俗，流行於聊城一帶。沒有結婚的男子死後，不能過繼兒子，斷了香火，死者的家長就請一位鬼媒人，為其尋找一位亡故的未婚女子（不管死者死了多少年皆以死時年齡為準）結為陰親。冥婚也要雙方家長議定，立下婚約，約定結婚日期。在臨清一帶，結陰親的日子，一般選在清明節或農曆十月一日。男方將死者的牌位供於屋內，有的請親朋賀喜，當日將牌位置於用桌子綁製而成的亭子上，繫披紅、白綢布，由男家晚輩男孩戴孝擎靈幡，抬著亭子去女方家接女的牌位，女方要派一人送來，以示送轎。至家後，亡人拜天地（由活著的年輕人手持牌位進行儀式）。爾後，將死者的牌位供於桌上，以示完成「娶親」儀式。接著女方家置辦紙製嫁妝，會同男方親屬至墓地取出女的屍骨，置於男方帶去的棺材裏，女方家燒掉嫁妝，屍骨蓋上紅被子。接著男方家的晚輩前來引靈接棺，女方家人將白布 1.2 丈、孝帽子 1 個，交給男方接靈的人，稱為「破孝」，男方家接靈的人戴孝擎靈幡，引棺至墓地與死者合葬。至此，冥婚儀式全部結束。東阿舉行冥婚時，男方雇轎或抬棺去女家接遷女屍，抬牌位，將女屍接回後，在男方的墓地舉行婚禮，用

兩個靈幡交拜成婚,然後將兩屍合為一墓。結為陰親後,雙方家庭親戚往來同正常婚姻,傳統認為,只要結了陰親,男方就可以在院中過繼孩子,繼承家產。新過繼的孩子要到已故的「父母」墳上磕頭認父母。此俗近幾年仍有流行。

換　親

　　婚嫁習俗,流行於聊城、東阿一帶。貧困落後的農村,甲方男子因家庭貧窮或生理缺陷,難以娶妻,便由媒人出面,將甲方男子的妹妹(有的是姐姐)許配給同樣困難的乙方男子,乙方男子的妹妹再許配給丙方男子,丙方男子的妹妹再許配給甲方男子,這樣轉換成親,變叫「三換親」。有的還「四換親」、「對換親」。至今在比較貧困的地方時有發生。

桑王兩村不通婚

　　婚嫁習俗,流行於莘縣張寨鄉一帶。莘縣張寨鄉的桑莊和前王莊,東西相距不過半里,人們低頭不見抬頭見。可就是男女不通婚,相沿至今不變。相傳,這兩個村的人都比較窮,桑莊有磨無牛,人稱桑沒牛莊;王莊有牛無磨,人稱斷磨王莊。當時吃麵,全靠牛拉磨加工麵,兩村理應互通有無,遺憾的是,不知從那一輩上開始,兩村的老人因借牛用磨鬧開了糾紛。雙方互不相讓,寧可不用,也不向對方求借,進而發展到兩村兒女不通婚。祖宗們怕後人破了規矩,讓步後給宗族丟臉,乾脆將此立成族規,世世代代不得違反。不通婚便成了鐵的紀律。後來兩村的經濟狀況都有了好轉,桑沒牛莊有了牛,斷磨王莊有了磨,兩村的村名也改稱「桑莊」、「王莊」。再

後來，王莊為和大寺後的同名王莊相區別，改稱為「前王莊」。村名變了，祖宗留下的牛磨糾紛也漸漸淡忘，兩村已建立了友好的鄰里關係，唯獨在通婚問題上，直到現在兩村還是嚴守禁忌，不通婚。

四、壽誕

賀八十

　　壽誕習俗，流行於陽穀縣城及附近。長輩壽滿八旬，子孫們舉行隆重的慶祝儀式。慶祝活動多在生日前一天舉行，屆時親朋好友均持壽禮致賀，依次為老壽星行禮拜壽，並祝以健康長壽等吉祥話語。主辦者則設宴招待親友，有的雇請響器（民間鼓樂班）或說書藝人助興。1949 年後，此俗一度被禁止。近年來又逐漸興起，且愈來愈多。有的收取親友數量不等的賀喜錢，其數額少則二三十元，多者成百上千不等。

祝　壽

　　又稱做壽、做生日，壽誕習俗，流行於臨清一帶。一般從 60 歲開始做壽。早年間，富裕人家做壽，親朋好友贈送壽帳、壽畫、壽聯、銀壽盾等。上寫「壽比南山」、「福如東海」等祝詞。壽畫多畫老壽星及松、鶴、壽桃等。主人設宴招待親友，午飯吃「長壽麵」，晚上喝「長壽酒」。富裕人家還請戲班子唱戲。生日這一天忌喝粥。1949 年後，祝壽之風仍行，但趨於簡樸。多於生日這一天吃長壽麵，親友贈以生日蛋糕、酒等禮品。農村流行「六十六吃頓肉」、「七十七吃隻雞」之說，許多也只是說說而已。六十六歲生日分外隆重，高

唐縣一帶，六十六大壽時，不在生日這一天祝壽，而是在農曆六月初六祝壽，至今流傳著「六十六吃餅捲肉」。近年來每到六十六壽誕時，提前一年祝壽，當年祝壽，第二年祝壽，連續慶賀三年。

做生日

　　壽誕習俗，流行於聊城一帶。做生日俗稱慶壽，亦稱做日子，多以六十歲開始。往往是晚輩以自己的身分為其父母、同宗叔伯，甚至自己的岳父母慶壽。舊時代有權勢的人家常以做壽之名來炫耀其身居要位，門庭顯赫，並藉此網禮，變相收受賄賂。做壽前，遍下請帖邀客，上寫「某月日為家嚴（或家慈、家伯等）誕辰，桃觴敬請光臨」字樣。受帖的親友必送禮品，多為現錢、壽幛、酒饌、茶點之類。慶壽這天，大廳正中鋪設壽堂，上供王母壽星，擺列素筵十碗，高燒紅燭、懸燈結彩，遍掛親友送的大紅軸對聯及壽幛壽屏，特製壽星、瓷器等。富裕人家慶壽有的親友還送堂會，在筵席陳列中間，由劇團演戲，說唱節目、魔術等助興。已嫁出的女兒，還講究為壽翁送經，請和尚道士誦經拜懺，以表孝思，祝頌其父母尊親長壽康寧。現在祝壽多為親友，常常在慶壽時，帶上煙酒糖茶，雞（吉）魚（餘）肉（壽）蛋（誕），並舉行家宴款待，吃長壽麵等，以示祝賀。

陰　壽

　　壽誕習俗。是為已經去世的尊親做壽，在民國初期比較流行。做壽前下請帖，寫明「先嚴（慈）幾秩冥慶」，自稱為

「追慶子」。親友也送壽桃壽麵及素燭佛香之類。送軸幛的多寫「仙鄉不老」或「佛國長壽」等字句。家中招請僧道念經，或出錢請和尚在寺院裏誦經拜禱。款待親友的席面葷素不拘。

五、喪葬

著 衣

又叫穿壽衣，喪葬習俗，流行於聊城一帶。有的老人在身體健康時，已準備好了壽衣，也叫送老衣。老人病危或臨死前，女兒們便請來鄰居把壽衣、鞋襪、帽按先單後棉的順序穿戴整齊。另一種是親人死後，在穿衣前，死者的兒女要為死者淨面、洗腳。淨面時用兩團棉花在左右臉頰上由上至下輕輕擦拭，至脖頸處，將兩團棉花掖在死者的脖子裏。東阿縣一帶在為死人淨面後，還要用鏡子為死者照照臉，用梳子梳梳頭。鏡子照完後不要翻過來，接著扔到牆外去，梳子梳完後也扔出去。再用三根白布提帶按前、中、後順序放在靈床上，再鋪壽褥，由長子抱頭次子抱腳，另請幾位親友將死者抬到床上，這叫「停靈」。在東阿縣一帶，死者穿好衣服後便行入殮，如果死者是女性，入殮時一定要有娘家人在場。不經娘家人允許不能入殮。屍體放入棺材後，在死者的枕下和身旁還要放一些制錢。蓋棺時需用 7 根大鐵釘。此俗仍在民間流行。

停 靈

喪葬習俗，流行於臨清市一帶。老人死後抬在靈床上，用一塊藍布或黑布蓋住死者全身，口裏放一銅錢，銅錢上穿五色

錢，稱為「緊口錢」。死者左手握住用手絹包的餅子或饅饅，富裕之家也有握元寶或制錢的，意思是在去「陰曹地府」時作為買路錢。右手握一包茶葉，好在路上休息時，讓羈押鬼魂的小鬼喝茶。死者兩腳尖套繩，類似人間的腳鐐，以防死者的鬼魂再到家中鬧事。死者的腹部放一個裝有鹽米的盤子，靈床前放一個大凳子，並放一隻香爐，從停靈開始燒香，一直燒到出殯。香爐左邊放一碗掛麵並插一雙筷子，稱為「倒頭麵」，寓意人間的麵吃到頭了。香爐右邊點燃一盞燈，晝夜不滅，直到油盡燈滅，意為人死如燈滅。靈堂前搭一靈棚，靈棚前掛一竹簾，叫「影靈簾」，意即擋住死者，不讓邪鬼看見，免遭禍災。簾子上方掛一幅幛子，為長婿所送，上寫「駕歸遙池」。影靈簾前放一張供桌，擺各種供品，靈堂門旁置以專供燒紙的磚池，稱為「錢櫃子」。在燒閨女買的 9 斤 4 兩紙及倒頭轎時，全家老少跪在地上，放聲大哭，意為送走了死者的第一個靈魂。相傳人死後有 3 個靈魂，第二天，兒媳婦燒開門紙。此習俗至今在民間流行。

出喪牌

　　喪葬習俗，流行於臨清市一帶。出喪牌時，先在街門上貼一條白紙，稱「封門」。封門時講究男先死正貼，女先死斜貼，如男的死去多年，女的死後也可正貼。出喪牌要根據家中情況，如死者性別、輩分高低而寫法各異，如：「父之喪」、「發室喪」、「長子喪」、「兒媳喪」等等。

戴　孝

　　喪葬習俗，流行於臨清及聊城一帶。父母死後，兒女按五服制穿孝衣，鞋上裱白布，頭紮白布條或戴白孝帽，腰紮麻繩，褲角紮白布條，手執柳木杖，又叫哭喪棒，高唐縣叫哀杖。女眷頭頂白布，稱「褡頭」。夫亡，妻穿白戴孝；妻亡，夫不戴孝。安葬後，不穿孝服，只穿白鞋。兒女三年脫孝，侄孫一年脫孝。1949 年後，機關幹部、工人只在臂上戴黑紗，也叫孝章。此俗至今一直流行。

報　廟

　　喪葬習俗，流行於聊城一帶。人死後，其家屬一直哭到村頭的土地廟或城隍廟燒紙，稱為「報廟」。意為請土地爺註銷戶口，收下死者的靈魂，好讓土地爺通知羈押鬼魂的小鬼羈押到陰曹地府，並由土地爺出示死者一生行善作惡的憑證。否則，陰曹地府不收無名鬼。此俗在城鄉仍有流行。

出了旗、報喪

　　喪葬習俗，流行於聊城一帶。出了旗，係用白紙剪製而成。人死後，按死者的歲數大小剪紙條，每一歲剪一個白紙條製作了旗，了旗要條條相連，綁在一根木棍上，與喪牌一起立在大門外，分男上女下。

報　喪

　　亦稱「聞喪弔孝」。報喪分書面、口頭兩種。不給親友報

喪，則被視為缺禮。喪家門外多貼有「恕報不周」的字樣。此俗至今在城鄉仍流行。

入　殮

喪葬習俗，流行於臨清市。入殮一般在人死後的第一天或第三天進行。忌七（即初七、十七、二十七）、忌雙日（怕出重喪）入殮。入殮當日油漆棺材。白紙裱棺內，而後將棺材放在院內，將從 7 個鄰居家掏來鍋底灰撒在棺底，稱「小灰」。再撒上五穀雜糧，並放 7 個銅錢或紙錢，稱為「墊背錢」。天黑時，親友到齊後開始入殮。把棺材放在屋內地上，有人提著 3 根提帶，長子抱頭，次子抱腳，放在棺內，仰面躺正，以棉花將屍體擠實放穩。將蓋死者的被單撕成三份，分別給兒媳和閨女，出殯時包頭用，稱為「罩頭」。將 3 根提帶抽出，上根給長子，中間這根給次子，下面這一根給三子，即刻紮到腰上，意思是老人死了你有罪，把你捆起來。再給死者用棉花浸清水淨面。親友兒女圍死者走一周瞻仰遺容，取出緊口錢，蓋棺時釘在棺蓋前方。把被單上的鹽盤子擲於屋頂上，以示斷鹽米。諸事完畢，將棺木停好，兒女守靈，親友弔孝。死者一般停放 3 天，老喪多停 5 天或 7 天，分別稱為「排五」或「頭七」。此俗一直沿續至今。

賣稞子

喪葬習俗，流行於陽穀縣全境。人死後出喪之日，鄰里兒童數人將板凳攔放在喪主門口，並於其旁插一荊條，上掛以草紙剪成的線錢，稱為「稞子」。凡來弔唁赴喪的親友，須拿錢

鈔（賣鍏子的錢可多可少），買了「鍏子」才被引至靈前至祭弔
問，不然便不放行。如遇女婿、孫女婿及親家等，則反復「刁
難」，所花費必大於一般親友，才得通行。至今農村仍有此俗
流行。

潑　湯

　　喪葬習俗，流行於東阿縣西部一帶。早年間，相傳人死
後，首先要在土地廟內羈押。潑湯，就是給鬼魂送飯，也有的
說是給鬼魂喝「迷魂湯」。喝了「迷魂湯」，死者就記不清生
前的事情。死者在出殯前，由死者的長子，手提湯罐（瓦
罐），裏邊盛麵葉湯，帶領死者的親屬及沒出五服的族人，到
村兩頭的土地廟和奶奶廟前潑湯，共潑三遍。潑湯時，前有響
器（即樂隊）引路。此俗至今仍廣泛流行。

送盤纏

　　喪葬習俗，流行於臨清市及聊城一帶。死者入殮當晚，親
朋及家族，每人拿一炷孝子點燃的香，稱「抱香」。孝子手拉
了旗，口喊「爹（娘）」上轎去了，繞棺轉一周，置了旗於轎
內，並與大量紙錢同時焚燒，全家痛哭出家門。路上兩步擲一
香，到十字街口或村頭面向東南跪哭，同時上供、叩拜、潑漿
水（半桶清水裏泡上一把米，一把茶葉），而後孝子同眾人回家，族
內各家在當晚要備餃子等供品並紙錢到喪家祭奠死者。送完盤
纏往回走的路上不能有哭聲，也不能回頭看，回到家後，有繼
承權的子女、兒媳到北屋一張事先準備好的方桌上看運氣。方
桌上有四個扣著的碗，碗下分別放著錢、饃饃、菜、酒，每一

位繼承人,可任意掀開一個碗(只能掀一個碗),看看便放回原地,每人都看一次,看到錢的人意味著老人的錢要由他繼承;看饅饅和酒菜的人,意味著老人的遺產會使他有吃有喝。此俗至今在民間很流行,城鄉如此。

出　殯

　　喪葬習俗,流行於聊城一帶。出殯前死者的長子左手打著靈幡,右手杖著喪棒,帶領其他男性親屬來到靈堂前跪下。等主持喪葬的大總理喊一聲:「今日良辰吉時,新喪大吉,孝子舉喪」之後,這時長子在前,其餘死者親屬在後面向棺材同時大哭,背棺人立即湧進靈堂,由大總理指揮背棺,一聲啟靈,背棺人一齊躬腰起背。棺材背出靈堂,先放在事先準備好的彩架上,等總理高喊起架,靈柩便離地而起,這時,死者長子摔碎事前準備好的瓦盆,俗稱「摔老盆子」。當靈柩抬到村中大街上時,還要舉行停棺大奠。大奠比較隆重,一般要持續 1 至 3 個小時。奠畢,靈柩送到墓地。在臨清市一帶,出殯前把供桌兩旁擺放閨女的靈前 7 件:4 盆花、1 對童男童女、一隻石牌樓、紙馬或紙牛(父喪送馬,母喪送牛)。殯前奏樂,點主先生之奠,他用紅筆在神主牌位的「王」字上邊點一個紅點。而後孝子謝點主先生,與族人痛哭。同時拜在靈前宣讀祭文,再行三拜九叩禮,關一下門,意思是告訴死者:你快走,要送葬了!大門外放炮,意為起身炮,由大總理指揮行奠,眾人向死者行禮,孝子謝杠會人(專司抬棺的人),並跪在院中齊哭,這時將死者生前用的枕頭拿到街門外燒掉,並把一個黑碗扣在屋門的門墩上。長子手執靈幡,用新帚把掃掉棺蓋上的紙錢,稱

「掃財（材）」。用菜刀斬黑碗，稱「斬碗」，意思是打掉你人間的飯碗。杠會人將棺木抬出屋門，這時樂隊奏樂，孝子倒退著走，面向棺材，叩頭謝杠會人。將棺材綁好大杠，蓋上棺罩，燒掉紙馬或紙牛，長子摔碎落盆，孝子引棺前行，女眷乘車隨後直至墓地。

下　葬

　　喪葬習俗，流行於聊城一帶。靈柩到墓地後，由長子圍穴坑四周倒麵葉湯。下葬後由死者的兒媳婦、閨女圍穴坑四周每邊抓三把土仍在棺材上才能埋墳。在臨清靈柩下穴後，將食罐、喪牌、哭喪棒、童男童女放在棺材旁，棺蓋上方置銘瓦（銘瓦上寫明生卒年月、籍貫、姓名等），風水先生定好穴位，請喪主、親友觀看一下，孝子抓土，其餘人跟著抓一把土撒在穴內，接著杠會人成墳，墳上插靈幡，到此死者才入土為安。東阿縣一帶的墳頭一般為圓椎形，高一米左右，下葬完畢，死者家屬向墳頭磕頭，長子將靈幡插於墳頂上，全體家屬一邊哭一邊倒行 9 步，每倒行 3 步向墳頭磕一次頭，稱作辭靈。臨清一帶，成墳後，謝杠會人，並請杠會人等「殯後」宴請。每當孝子要穿孝衣給前來幫助料理喪事的人磕頭致謝，稱為「謝孝」。此俗至今在民間流行。

下食罐

　　喪葬習俗，流行於莘縣一帶。人死後，其親人為死者備一個食罐。放在棺材頭的前方，上面蓋兩張略大於罐口的餅，由子女先將餅咬一圈吐到罐內，餅中直插一雙筷子。停靈期間，

每頓飯都往裏面裝上些飯菜，至出殯時裝滿，隨棺材葬入墳中，讓死者到陰間去享用。這種習俗至今仍流行。

送盤纏

喪葬習俗，流行於東阿縣西部一帶。死者下葬後的第三天傍黑，家人請人紮一紙轎或院落及兩個抬轎的紙人，一個叫張三，一個叫李四，再紮一個晃錢樹（用三根秫秸上綁三根棗葛針），上掛與死者年齡相同的黃裱紙條。送盤纏時，死者的長子拎著用黃裱紙剪成的紙嘟嚕（上面有死者的替身——紙人），帶領眾親屬在停靈的屋內轉一圈，再到土地廟、奶奶廟前轉一圈，磕個頭，來到村西路口，這裏擺著一個圈椅，上面鋪一床被子，長子將紙嘟嚕放在被子上。圈椅前邊翻扣著一個鏊子，上面用細羅篩一層均勻的草木灰，鏊子前邊放一張矮方桌，上擺供品；桌前則是紙轎和晃錢樹。死者的長子將紙嘟嚕從圈椅上輕輕拎起，邁過鏊子，在供桌前停留一下，再放入轎內。退後幾步，趴在地上與眾親屬一起哭泣。在燒轎前，死者院中長輩（一般是女的）站在轎前唸叨幾句：「出門下西南，旱路你坐轎，水路你坐船，若有小鬼來攔路，你腰裏有銀錢。若是張三李四不好好抬，姑奶奶就用鞭子打……」張三在轎前，李四在轎後，每人脖子上掛一串給養（7個紅棗、7個麵蛋），在燒轎時，村上的兒童都搶吃棗，說是吃了送盤纏的棗，祛病免災。此俗至今流行。

圓　墳

喪葬習俗，流行於東阿縣西部一帶。死者下葬後第三天晚

上 12 點，親屬為其墳頭添土。圓墳時死者親屬要包餃子，數量同死者年齡相同（每一歲包一個），水餃餡由五樣菜製成。將水餃下鍋煮熟後，由死者長子端到墳前上供。上供前先由兒子們為墳頭添些新土，再擺上供品（水餃），這時所有的人都倒退離墳百步遠的地方，10 多分鐘後，再至墳前將供品撤回。此俗至今流行。

送盤川（纏的方言讀音）

又稱「送三」，喪葬習俗，流行於陽穀縣東北部及東阿縣西部。死者辭世的第三日薄暮，死者家屬將靈位設於大門外街旁或大路一側，靈位面朝塋地所在方向，靈前擺設供品及用紙糊就的轎、馬等。晚輩以哭舉哀，親友鄰里等依次行禮祭奠。祭奠完畢將紙紮的轎、馬及紙錢等物用火焚燒，為死者靈魂離家後去陰曹地府送行。至今尚有此俗流行。

點主喪

喪葬習俗，流行在高唐。兒孫滿堂的老人死後，才能出點主喪。老人死後，淨面、穿衣、入殮、上廟、憑弔之後修造一個木質牌位，在牌位上用墨筆書寫「××之主神位」。其中「主」只寫一「王」字，留下一點不寫，由點主官用朱砂點上。稱點主喪。為點「主」字上的一點，喪局就大了許多。先成立「治喪會」，由德高望重的同鄉任總理，主持治喪事宜。孝子將家產、現金、土地、文書，一併交與「治喪會」，表示傾家蕩產出大喪。孝子的孝帽前加白布遮沿，兩耳旁吊有棉球，表示對喪局不管不聞，只顧哀哭，一切全由「治喪會」做

主。點主喪一般七天下葬。至下葬前三天，由專人扶架孝子，三請點主官（由當地學識淵博之人擔任），每請一次點主官都要三拜九叩，回哭一次靈堂。靈堂內也是三拜九叩。點主官到後，再捧筆、研朱砂、拜牌位，然後謝送點主官、安放牌位，這一系列活動，每次都是三拜九叩。往返活動都由吹鼓手若干人相隨奏樂，另有兩人抬一「奠」（擊之發聲的鐵牌）跟隨，每次叩頭，均由司典擊奠一次，喊一聲「叩首」。整個過程一般要三天才能完成，哭得孝子嗓啞無聲，跪下難起。其間，親朋好友也依次前來弔喪。到下葬後，由「治喪會」結帳交割，喪局才算結束。

過週年

喪葬習俗，流行於聊城一帶。人死後，子女要為死者每七天祭一次，直到祭完七期。而後，每滿一年、三年、十年，都要大祭，稱為「過週年」。過一年和三年時一般都備些香和紙錢、紮幾個樓，將死者靈魂請到家中，近親哭祭一番後，再送到墳地將樓燒掉即可。富裕人家也有請響器（樂隊）、戲班子，大操大辦。莘縣鄉村每過十週年時，儀式一般都很隆重。要請響器、糊紙紮，有樓、轎、牌坊、童男童女、馬（或牛）、金橋、銀橋、金山、銀山、香傘、獅子等。近幾年人們則花樣翻新，紙紮中有彩電、冰箱、高級轎車等。屆時，要通知所有的親朋好友，親朋便拿著供品、果品、現金、布幛等物品前來祭奠。中午祭奠時，大擺酒宴。下午在吹打樂聲中把紙紮送往墳墓燒掉。整個儀式結束。此俗近些年一直盛行。

板　社

亦稱會板社，喪葬習俗，1949 年前後下層民眾自發結成的一種民間喪葬組織，流行於聊城市城鄉。凡遇到喪事，生活困難的家庭，因經濟窘迫，財力拮据，一時拿不出錢來購置棺木、料理喪事。民眾自動發起成立板社，無論貧賤都可入社，社以二三十人為限。但凡板社社員遇到喪事，其他社員便捐錢或糧食，共同處理喪事，度過難關。1949 年後，人民生活逐漸富裕，板社也隨之消失。

扛　會

喪葬習俗，流行於臨清一帶。人死後，無論是土葬還是火化，都要舉行發喪出殯。出殯時把停在靈堂的棺柩抬到墓地下葬，近年來實行火化者，也必由靈堂抬到火化場，或者由靈堂抬到家門附近的汽車上（又稱送殯車）。這一段的抬棺儀式由扛會承擔。扛會由一個熟悉扛會指揮、扛號、又守扛會清規、又能即興領唱扛號的人承擔，會員多者 20 多人，少則 10 多人不等。當總理喪事的人喊一聲「起靈」，執事便把早已準備好的煙酒堆碼在棺柩的前上方。煙酒碼得越高，抬棺柩時不散不倒，來表示扛會的水準高低，也是衡量扛會指揮高低的標準，往往以碼高煙酒來炫耀扛會的抬棺技藝。棺柩抬到地方後，碼在棺柩上的煙酒全部犒賞扛會成員。起靈前由扛會指揮察看靈堂至大門、及胡同等處是否暢通，接著用扛號指揮前後左右的扛會會員左轉右彎，前低後高，使棺柩始終保持平衡到達，扛號聽起來短促，雄壯有力，悲哀肅穆莊重，有別於一切勞動號

子，領者聲音宏亮，眾人應者短促有力。此俗至今流行。

討債鬼

　　喪葬習俗，新生兒未滿月或月餘，因先天或染病夭折時，習俗稱為討債鬼。十月懷胎實屬不易，父母對其抱有莫大希望。此時夭折使親人十分痛苦。親友為勸慰當事者多以討債鬼的說法勸慰父母和親人，常以命中不該有這個孩子，這是前世欠的冤枉債，這世叫你償還，討齊債務便撒手西去。

　　一旦認為是討債鬼時，父母不能當死者的面痛哭，痛哭會使死者有留戀之心，他還會來打擾。另外，不能為死者穿衣戴帽，如果穿衣戴帽會把家中的健康人帶走，帶到陰間去，這是最不吉祥的。也不能用棉被包裹，棉被中的棉花有個花字，花子和乞丐同意，這會導致他脫生後當乞丐，因此決不能用棉被包裹。只能用一塊白布包裹，忌諱用花布，因為花布也與花子同音，也不能用。他生前的用品也不能帶走，如果帶走東西，他到陰間用完後還會來討要，自然也不吉利。所以只能裹一塊白布赤條條的送走。送走時，父母不能在場，要請一個專事這類事的人，送走時要在屁股上打兩巴掌，邊打邊說：「討債鬼！永世不登這家門」。還有的地方用草木灰或鍋底灰抹到死者臉上，讓他看不到陽世間的一切，從此不再來打擾。一般選更深人靜時送到風水好的地方掩埋。因為更深人靜時，叫他記不住回來的路，以防陰魂再回到事主家，但不可上祖塋。這一習俗既為死者的後世著想，也為活著的人著想。同時勸慰當事者不要難過，因為命中不屬於你。

六、服飾

童　帽

服飾習俗，流行於東阿及聊城一帶。常見的有兔子帽、富家帽、虎頭帽等。兔子帽帽頂兩邊各有兔皮或兔毛做成的一對兔子耳朵，並在前面用琉璃或彩色透明扣子做成兩隻兔眼，用絲線繡上兔鼻和嘴，形象逼真；富貴帽是在前邊釘上銀質並有精緻花邊的長、命、富、貴4個字，並在這4個字的上部用金線（或黃線）繡上長命鎖，帽子下面釘兩條布條，也有的做成兩片護搭的，帽子的四周鑲著鮮豔的花邊；虎頭帽，在帽頂的兩邊左右開孔，裝上兩隻貓耳朵，正中繡一個「王」字，用鮮豔的綢布做成，帽子的周圍縫上花邊，帽子的前臉上鑲有多種銀飾或銅飾。五六十年代流行於廣大農村，近年來已不常見。

孝　帽

俗稱「孝帽子」。服飾習俗，流行於聊城一帶。喪事活動中，人們臨時用白布疊成口小頂大的形狀，頂的兩邊有兩個角。孝帽又有兩種，一是雙孝帽，即用一塊正方形的白布先雙成三角形，再疊成孝帽；二是單孝帽，即把白布剪成三角形，再疊好縫上。在東阿縣西部一帶，雙孝帽為粗布所成，為重孝子所戴；單孝帽用蚊帳布（即紗布）做成，為一般親屬所帶。至

今廣大農村仍在流行。

羊肚子毛巾包頭

　　服飾習俗，流行於聊城一帶。七十年代以前，在農村成年人不分男女，不論下田幹活，還是走親訪友，串鄉趕集，都普遍用白羊肚子毛巾包頭，一年四季如此。春秋天，不冷不熱時，把毛巾往腦門上一紮，能遮擋塵土；數九寒天，出門把毛巾包在頭上往下一拉，將耳朵掩住以防凍；夏天，在烈日下幹活，把毛巾往後腦勺輕輕一結，擋住烈日；天氣悶熱，把毛巾往井水裏一浸，擰去水後往頭上一蒙，即遮陽光又透風又清涼，還能隨時揩汗，一巾多用。七十年代後，農村年輕人漸漸不用毛巾包頭了，而中老年還是較為普遍，而今有的地方中年以上的男女下田幹活仍有毛巾包頭的習俗。

大襟長袍子

　　服飾習俗，流行於聊城一帶。棉袍有棉、夾兩種，統為右開大襟，以藍、黑、棕三色為主。清朝時期，穿長袍者外面多套馬褂，後來則單獨穿著。棉袍為知識界、商界、鄉坤的常服，農民中較富裕者冬季穿。凡遇重要禮儀交往或會親訪友時則必穿長袍。農村有「常穿大袍子沒有遇不見的親家」之說，大袍子被當做禮服穿用。

大襟棉襖

　　服飾習俗，流行於聊城一帶。六十年代以前，在農村老年人中穿著盛行。穿時用一條長布紮腰，俗稱「紮腰帶子」。老

漢們常將長管旱煙袋、煙荷包、火鐮（老式打火抽煙用具），以及盛火石的小壺等物件繫在一起，插在腰間，也有將煙包、錢包揣入懷中的。此俗今已絕跡。

肚　兜

又稱「抹胸」，服飾習俗，流行於魯西一帶。舊時青年婦女貼身繫用，分正方形和長方形兩種，對角設計，上角裁去呈凹狀淺半圓形，於半圓兩邊角處繫帶掛在項上。橫兩角各有帶，紮於腰際。兜面上多為繡花圖案。有桃、石榴、蓮花、福字等。一般為紅色，四周用黑色包邊。也有繡「金魚串荷花」、鴛鴦戲水、「喜鵲登枝」、「劉海戲金蟾」等圖案。前者吉利、避邪之意，後者取吉祥、愛情、幸福的主題。這種肚兜除繡花外，也有用印花布做的，五六十年代後，青年婦女多以背心、汗衫取代。

百家衣

服飾習俗，流行於聊城一帶。形狀如僧服袈裟，是用各種顏色的碎布頭，將其剪成各種形狀，用紅線連綴而成。這種衣服大都是姥姥做給外孫，奶奶做給孫子穿的。碎布頭並不一定來自一百家，但斂的越多越好。相傳，穿了百家衣，能活一百歲。長輩給孩子做百家衣，為了讓孩子長壽。不少孩子一直穿到滿週歲。現在做（或送）百家衣的人越來越少，大都是買些現成的花衣服送給孩子。

衩　褲

　　服飾習俗，流行於聊城一帶。衩褲無襠，褲腰左右各有兩個鼻扣，包腿腹露臀部。穿時內套單褲，將腰帶穿過鼻扣，繫於腰間，既保暖，行動又靈活，適於秋末冬初勞動時穿用。1949 年後，農村部分老人尚有穿衩褲的，近年來已無此褲。

產　鞋

　　服飾習俗，流行於高唐一帶。這種鞋的前鞋綁較長，以防塵土進入，鞋前方有突出的兩條縫鼻，結實耐磨。鞋綁用細線納成，鞋底用粗線繩納成，且針腳細密，綁底堅挺結實耐用。

麻　護

　　服飾習俗，流行於高唐一帶。為老年人冬季所戴的防寒帽，面料為土布，夾絮棉花，能護面、耳、脖子，只露眼、鼻。現今穿戴產鞋和麻護的已很少見。

禪　鞋

　　又叫牛鼻子鞋，服飾習俗，三四十年代流行於聊城一帶農村。鞋底比一般鞋厚，鞋幫全用雙線納成，鞋頭用黑皮子或夾層硬布作成上窄下寬的梯形狀，似牛鼻子上捲狀。鞋幫與鼻子相連處，縫出棱角，穿著雖不怎麼舒適，但結實耐用。現今機製的運動鞋和登山鞋多沿襲禪鞋而成，流行農村的這種禪鞋已很少見。

油靴、泥襪子

服飾習俗，流行於臨清金郝莊一帶。油靴用麻繩納底，線納幫，針腳緊密，外塗桐油而成，既防水又堅固耐用。泥襪子，在布鞋上連接雙層布襪子，高出踝骨，外塗桐油而成，適用於在泥水裏幹活時穿用。近年來基本見不到油靴、泥襪子。

蒲鞋、三里扔

服飾習俗，流行於臨清一帶。蒲鞋用香鋪苔葉編製而成，厚底，雙層幫，幫高過踝，覆蓋腳面，內襯蒲絨。用蘆葦編幫者稱為「毛窩子」。1949 年前，許多人用它作棉鞋。三里扔，用稻草編織成的淺幫草鞋，其形如船，通風性好，多在夏天穿用。近年來蒲鞋、三里扔已被淘汰。

虎頭鞋

服飾習俗，流行於莘縣聊城一帶。幼兒穿連腳棉褲時專用夾鞋。在鞋的前頂部貼上虎頭圖案，用繡花彩線刺繡而成。為許多農村婦女的拿手活。亦是兒童的必須妝飾，一般可穿到五六歲。另外還有類似虎頭鞋的眉眼鞋。在鞋的頂部用紙剪成眉、眼、鼻子貼上去，用彩線刺繡而成。圖案簡明清晰，但不如虎頭鞋那般精工細作。有些講究的年輕婦女做鞋時用玻璃珠當虎眼，使其錦上添花。莘縣把辦事沒眼色的人譏諷為：沒穿過眉眼，就是指的這種鞋。六十年代前農村兒童普遍穿著，「文革」中減少，八十年代後增多。

長命鎖

　　服飾習俗，流行於聊城一帶。為一種銀製兒童項飾品。有一長鏈掛項間外形如鎖，上面打製「長命百歲」、「富貴長命」等字樣，並有許多吉祥圖案和許多小銀鈴，兒童蹦跳時，叮噹作響，十分逗人喜愛。目前流行的銀製長命鎖已不多見，大多是鍍金或鍍銀的金屬製品。

針　插

　　又叫針包，服飾習俗，流行於東阿一帶農村。針插有兩種類型，一種可釘在牆上，用黑色或藍色布袼褙做外皮，中填頭髮或棉絮，做成各種式樣，多姿多彩。另一種做成葫蘆形或扇形，頂端中間有繫帶和蓋，針插上去後蓋上蓋子，另有繡花護套，拴在衣扣上，可隨時取用。多為農村婦女常用，近些年比較少見。

耳　墜

　　也叫墜子，服飾習俗，流行於魯西一帶。民國以前婦女不論貴賤都帶墜子，耳墜樣式較多，主要分耳環、耳墜兩種，又有銀質和金質之分。女孩子從六七歲便開始扎耳朵眼，平時戴一對小耳環，節時和禮儀來往時戴長墜。成年婦女主要戴長墜。1949 年後，戴耳墜的幾乎絕跡。近年來，女青年中戴耳墜的又逐漸增多，耳墜的花樣品種也越來越多。除金、銀質的外，有鍍金、銀、鈦的，也有瑪瑙、翡翠或人造寶石等。

戴墜子

服飾習俗，流行於陽穀、壽張一帶村鎮。五十年代以前，女孩長至八九歲，父母即在耳垂部位穿孔並戴金、銀墜子。穿耳一般在農曆臘月初八日晨進行。屆時其母親、祖母或姐姐嫂嫂必哄女孩去村外看「臘八姐」，回家後乘雙耳受凍麻木遂用大針引線穿刺，戴上耳墜。1949 年後，此俗逐步消亡。近年來，城鎮少數青年女性中又行穿耳，並有人專操此業，施術時進行局部麻醉，號稱「無疼穿耳」，也有的採用鐳射穿耳。

七、飲食

綠豆丸子

飲食習俗，流行於聊城一帶。用綠豆麵、綠豆粉等原料精製而成，製成後呈醬紅色，外酥內軟，冬天可儲存月餘其味不變。可乾吃，也可沖湯為湯菜，盛入碗裏加上辣椒油、醬油、薑末、芫荽即可食用，俗稱「漂湯丸子」。寒冬臘月吃一碗香噴噴、熱騰騰的漂湯丸子，別有一番情趣。至今在鄉村集鎮常有行商和坐商售「漂湯丸子」。

牛店炸魚

飲食習俗，流行於東阿縣牛角店。炸魚呈金黃色，外酥裏嫩，香脆可口，存放 7 天不綿軟。牛店炸魚係該鎮南街廚師張志新首創，至今已有百餘年歷史。早在三十年代，炸魚技術傳給了常氏孫學英。孫學英在繼承師法的基礎上，又實踐創新，技術不斷提高，形成獨具地方特色的「常氏炸魚」。其製作工藝，將 2 寸許的小魚破肚取腸取鰓，洗淨後加鹽、花椒麵、料酒等醃製一小時，晾乾浮水，再將浸泡一天的小米加涼水磨成糊，加入適量的發酵粉進行發酵至 8 成，即糊內出現小孔時為止，摻兌 1/3 的新米糊，並加入麵粉和少許鹽和勻，再加入少許花椒麵、鹽、料酒調拌好，將醃製好的小魚逐個掛上糊，一

個個放入燒至 6 成熟的油鍋內，炸至呈金黃色時撈出晾透，再放入 7 成熟的油中用文火炸酥撈出，空淨油即可食用。至今仍為當地一大特產。

烏棗

又名「黑棗」、「焦棗」，飲食習俗，流行於東阿縣境內。其製作過程：將鮮紅的大棗煮至半熟，置於特製的土窯中徐徐烘乾，再晾製而成。有金絲、銀絲之分。即將棗剝開，其肉斷絲連，絲為金黃色的稱為「金烏棗」，絲為銀白色的稱為「銀烏棗」。金烏棗甘甜如蜜，銀烏棗清香爽口，以花紋細密，肉厚者為上品。此俗流傳至今。

醉棗

又稱「鬏棗」，飲食習俗，流行於東阿一帶。在中秋節前收棗時，選個大、顏色鮮紅又無傷痕、無蟲的大紅棗，輕拭灰塵後，沾酒置於鬏中，密封月餘即成，亦可存至春節食用。其色鮮紅、水靈、肉肥、味醇香甜，口香神醉、鮮美異常。春節時，開鬏取食，棗香盈屋。即是招待親友的上等乾果，又是去腥膩、增食欲的佳品。舊時家家製作，近些年由於棗樹減少，醉棗也漸漸減少。

玉米麵餅子

俗稱「餅子」，又稱「棒子餅子」。飲食習俗，流行於聊城一帶。其製作方法：用石磨、石碾將玉米磨成或碾成麵粉，加上少許豆麵，做成扁圓或扁長如巴掌大的餅子，貼在加熱的

鍋上。熟後，靠鍋的一面呈棕黃色，香酥可口。五六十年代為
農村的主要食品之一。近年來餅子亦不多見。

煎　餅

飲食習俗，流行於聊城一帶。清朝初年由泰安傳入。分為
小米麵煎餅、玉米麵煎餅、高梁米麵煎餅、地瓜麵煎餅等。又
因口味不同又分為淡煎餅、鹹煎餅、酸煎餅、甜煎餅、芝麻煎
餅、五香煎餅等等。煎餅呈圓形，直徑約五六十公分左右，在
燒熱的鏊子上，攤上磨成糊狀的麵粉，用一種特製的刮子刮
勻，熟後即可食用，有的晾開儲存，可長期食用，至今仍在廣
大農村流行。有的做為家庭副業，到城鎮串街銷售。

綠豆糕

飲食習俗，流行於東阿、聊城一帶。以綠豆為主、外加小
米或玉米，也有摻少許黃豆的，將其用水泡好，用水磨磨成稠
糊，配上五香麵、蔥花、薑末等，用鍋蒸熟，再用刀切成方
塊。吃起來味道鮮美，並有清熱解毒的作用。近年來有所減
少。

年　糕

飲食習俗，流行於東阿縣西部、聊城一帶及陽穀縣境。每
到新年來臨，家家戶戶都準備節日食品，年糕即其中之一。其
製作方法：將發好的麵做底，上面按上煮熟的紅棗、層疊若
塔，大小不一，形狀不同，有的還印上各種不同的圖案，有的
點上紅點，有的還盤築成動物狀。即美觀又食用，還是拜年時

饋贈親友的佳品，回禮的年糕稱為「壓糕」。尤其出嫁的閨女，在婚後的頭三年，娘家所蒸的糕與眾不同，個大美觀，並且一年比一年大，謂之「年年登高」，此俗沿續至今。

窩窩頭

　　俗稱「窩窩」，飲食習俗，流行於聊城一帶。品種有玉米麵的、小米麵的、地瓜麵的、高梁麵的、粘米麵的等，其形狀上尖下平，四周呈圓形，中間有一個很大的孔。置鍋中蒸熟，即可食用，為農家主食之一。現城鎮居民多吃小米麵摻豆麵的窩窩頭，以調劑生活。

蔥油大餅

　　飲食習俗，以陽穀鎮為最。製做時先將和勻的細白麵擀成片狀，加嫩蔥及少許熟油、薑絲、椒鹽等，捲起封嚴後攤在平底鍋上，放油適量，柴火慢慢煎熟。其色金黃，外焦裏嫩，酥香可口，別有風味。

布袋雞

　　飲食習俗。以陽穀縣沙城鎮廚師何保貴、張萬金等得到嫡傳。將活公雞宰殺脫毛去內臟，從尻部將全身骨架取出，但不得損壞雞的外形。內充以肉餡及其他輔料，經燒、扒而成。其外形完整，曲頸抿翅，如雞打戀窩狀。食用時用筷子在其背上輕輕一按，即有預先填好的「雞蛋」自尾部脫出，故此菜又名「鸞鳳下蛋」。

打平花

又稱「抓大頭」，飲食習俗，流行於聊城一帶。平日三五個人或七八個情趣相投的人，相聚在一起，便有人提議「打平花」。於是就商量吃什麼喝什麼，並分頭去買酒肴之類的東西，一場吃喝之後，算一下共花去多少錢，便平均負擔，稱為「打平花」。「抓大頭」，大頭在聊城一帶常指憨厚的人，平常幾個人湊到一起，按人數寫鬮，分別寫「買辦酒菜」、「洗刷杯筷」、「烹調」、「雜作」、「大頭」。都揉成紙團，每人抓一個，誰抓著「大頭」，全部酒饌化費必由大頭包攬，其餘幾個人按所抓鬮的內容行事。此俗在部分人中仍然流行。

托板豆腐

飲食習俗，流行於臨清。臨清的水豆腐做好後，放在一塊板子上，水靈靈顫悠悠的，賣水豆腐時，不放任何佐料，秤好後總是放在一塊特製的長方形木板上，切成小方塊即可食用。每到早晨匆匆上班的人騎自行車到水豆腐攤邊，停下自行車，一腳立地，另一條腿還在自行車大樑上，一手交錢，一手接過托板，喝上幾角錢的豆腐，愜意而去。在城區隨時都可買到水豆腐。具白嫩、細膩、香甜、營養豐富，深受人們歡迎。

上街吃飯

飲食習俗，流行於莘縣一帶。每天早晨吃飯時，青壯年男人必端碗到街上吃飯，街道兩邊都蹲滿邊吃飯邊拉家常的人。他們商議農事，商量街坊鄰里的大事小事，解決糾紛等。吃飯

特端一個大大碗公，一般左手指掌碗，手心鉗饃，右手握筷，有的端一小碟鹹菜隨便放到面前，如有稀罕的菜肴，大家便圍攏來一起品嘗，其樂融融，也可談些家常里短，農活百事，一邊吃飯一邊議論。此俗一直延續到今。

二八八

　　飲食習俗，流行於莘縣一帶。在莘縣招待宴席上，上菜道數的簡稱。每逢紅白喜事及其它重要活動，主要根據自己的經濟情況，準備宴席。二八八：喝酒時上八個菜，吃飯時上八個菜，共 16 個菜，稱為二八八席；三八八：喝酒時分兩個階段，每一階段上八個菜，每八個菜為一個高潮，吃飯時再上八個菜，共 24 個菜，稱為三八八席。如果在喝酒時，每上八個菜上一大件（整雞、整魚或海味），吃飯時不上大件，就稱為三八八兩大件，共 26 個菜；四八八：喝酒時分三個階段，每階段上八個菜，吃飯時再上八個菜，共 32 個菜，稱為四八八席。這種風俗至今流行。

拉拉魚

　　飲食習俗，流行於莘縣一帶。六七十年代，莘縣農村多以地瓜麵為主食。食用方法，蒸窩窩頭，或加粘麵擀餅做麵條。時間一長，人們便想換換方式吃，人們受「麵魚」做法的啟發，創製了拉拉魚，受到許多人的歡迎。其方法：在一塊寬 20 釐米、長 30 釐米的白鐵皮上，用釘子穿上密密麻麻的小孔，這叫「拉子」。將和好的麵團放在「拉子」光滑的一面，用力揉壓麵團，麵從鐵孔中擠出來，成為均勻的細長條。放入

鍋中蒸熟後，再放入有佐料的開水或涼開水中涮開，吃起來別具風味。有的蒸熟後不加水，直接加佐料拌食。近年來人們不吃地瓜麵了，拉拉魚也和食客告別了。

多 打

飲食習俗，流行於莘縣南部。農曆的二月二日這一天，差不多每家每戶都吃「多打」。多打是用胡蘿蔔條與玉米麵和在一起，有的加些鹽、蔥、薑等佐料，做成方形麵團，放入鍋中蒸熟即可。食用前，由長者先向神靈禱告，並供奉祖先的神位，再端著「多打」在庭院中一邊轉遊，一邊唸叨「家前地裏多打，家後地裏多打，家東地裏多打，家西地裏多打」，等唸完後再吃。「多打」吃起來比純玉米麵饃饃就胡蘿蔔條好吃，也是農家改善調劑生活的一種具有特色的飲食。而今種胡蘿蔔和吃玉米麵饃的漸少，平時很少有人做「多打」，但二月二日時，總是準備好胡蘿蔔和玉米麵，做一頓別具特色的「多打」，又上供又調劑花樣，改善生活。

白 粥

飲食習俗，流行於莘縣一帶。莘縣城蘭鎮一帶尤其流行，把吃粥統稱為「喝白粥」。但不同的粥有不同的叫法，如用白麵做的粥稱「白粥」；加地瓜的叫「地瓜白粥」；加胡蘿蔔的叫「胡蘿蔔粥」，也稱鹹糊塗。也有把不同的麵做的白粥，分別叫「玉米麵白粥」、「小米麵白粥」等。喝白粥一般在早晨或晚上，往往問候早飯和晚飯吃了沒有？就說喝了沒有？此俗至今流行。

八、建房居住

喬　遷

　　居住習俗，流行於臨清市及高唐一帶。喬遷又稱「搬家」，早些時候每到搬遷時，在新房門口貼「移來新舍寓，還是舊鄰居」。遷居新房時，先擇吉日，一般都在夜深人靜，路上無人的時候，搬運家產，先搬鍋灶，再搬其他東西，稱之為「夜遷」。遷居後，要請新鄰居喝酒，稱為「喝鄰酒」。親朋好友都來祝賀喬遷，前些年多送些酒肉點心等等。近年來，凡來賀遷的分別為其購買窗簾、飯桌、沙發、電風扇等等，稱為「溫鍋」，主人要設宴招待客人，這一溫鍋的習俗有日趨隆重的趨勢。

溫　鍋

　　居住習俗，流行於聊城一帶。農村溫鍋，多指成家後的夫婦與長輩分居後，在另起鍋灶的時候，丈母娘為小倆口安排灶事。溫鍋時，丈娘娘買一個新麵盆，發酵一盆麵，再帶上大紅棗到閨女家來，在新鍋灶上用發好的麵放上紅棗蒸上滿滿的一鍋發糕，意思是讓小倆口的日子紅紅火火，越過越發。發麵寓意發，棗糕寓意早發。城鎮則是在搬家這一天，親朋幫忙，並以糖果煙酒等禮品相賀，父母送來帶棗的發糕，主人則設宴招

待來客。此俗在農村和城鎮仍很流行。

賀　房

　　居住習俗，流行於臨清及聊城一帶。每到蓋新房時，上樑以前鄰居前來祝賀。房樑上貼「立柱欣逢黃道日，上樑正遇紫微星」的對聯，脊檁中間貼橫批：「吉星高照」。門上對聯：「魯班問道何日好，太公答曰此日祥」，橫批：「安門大吉」或「太公在此」，門心寫：「興建新門庭，勤儉好家風」。窗戶上貼「安窗大吉」。並為姜太公和魯班上供行禮，燃放鞭炮。上樑後，主家宴請蓋房及幫忙的人，這叫「犒賞」。目前蓋房仍有此俗。

九、交通旅行

出　門

　　旅行習俗，流行於聊城一帶。出門經商做事，較長時間的探親訪友，往往擇吉日，俗話說：「三六九，往外走」、「二五八，好回家」。出門之間遍辭親友，詢問有無捎辦的事情，囑咐親友關照家人等等。另外，家人和親友以「起腳餃子，落腳麵（麵條）」的習俗，與出門人餞行和接風，其間多以飲酒增加氣氛，說一些吉利話，此俗至今流行。

交通工具

　　旅行習俗，流行於聊城一帶。民國以前，出遠門一般靠腳力（步行），條件好一點的騎驢、馬，再好一點的則雇大車或轎子，也有雇獨輪車（亦稱：「小紅車」、「小推車」）。1949 年後，相繼出現地排車、自行車、大汽車、大客車，吉普車、小轎車多在六十年代後才日趨見多，近幾年出遠門則有飛機、火車、輪船等交通工具，鄉村及一些縣城多以三馬、摩托車、拖拉機、農用車為交通工具。

臨清竹竿巷舊時的交通運輸　攝影／袁陶光

十、交際禮儀

道萬福

　　禮儀習俗，流行於東阿、聊城一帶，為民國以前的女子禮節。唐宋時婦女與人見面行禮時，口道「萬福」，意為祝對方萬福，行禮時雙手相扣，放於左腰側，屈膝彎腰以示敬意，此俗已不時興。

避　諱

　　禮儀習俗，流行於聊城一帶，起源於周，盛行於各朝，民國後漸漸消失。其內容有國諱、家諱，前者強令臣民對已死的君主七世以內者不得直呼其名，書寫名字時也時興避諱。後者即家庭中對長輩也不得直呼其名。至今晚輩對長輩仍沿習避諱之俗，以示對長輩的尊敬。

回　拜

　　又稱回訪，禮儀習俗，流行於聊城一帶。客人來訪後，主人應儘快到客人家去探視，稱為回拜。若有來無往則視為失禮。上古時回拜以異日為敬，後世則漸漸演變為同日為肅，近代仍重回拜，但回拜日期可隨意確定。上古時，客人來訪必帶見面禮，是為「執摯」，回拜時應送客人之所執。後世探親訪

友亦多攜帶禮品,但與古時「執摯」有別,是一般的酬酢饋贈,故回拜時則忌原物送還。只有在拒絕對方時才用這種不受禮的方式表明態度,但有別於官場上的行賄和拒賄。

望　響

　　禮儀習俗,流行於高唐縣一帶。親朋、鄰里之間,同事之間久別相逢時,相互關心對方的身體情況時用「望響吧!」,其意是可好吧!表示問候。上首,在高唐凡有客人來訪時,把客人讓到上首的地方落座。面對屋門的位置為上首,左邊為上首。年長的、輩分高的入上首,晚輩或主人落下首。在禮儀往來中,比如遷入新居、新婚、送賀禮時,不能送鐘錶,因為鐘和終同音,送終與送鐘諧音。這些習俗至今流行。

打　網

　　禮儀習俗,流行於聊城一帶。有的人藉以婚嫁、壽辰、彌月、喪事為由,向親友和相識的人廣發請帖,像捕魚撒網一樣,叫人家來送禮,謂之打網,也有的叫打秋風。收到請帖的人也不得不送禮應付。此俗至今仍然流行。

十一、生產職業

工　業

生產習俗，流行於聊城一帶。1949 年以前均為個體手工業，1951 年後組成鐵木業生產合作社、石灰繩麻生產合作社，1953 年組建了東阿阿膠廠，1958 年建立東阿七一鐵工廠（今電動工具廠），東阿冶煉廠（今拖拉機站）等。聊城現今有機械製造、發電、電子、化工、紡織、建材、造紙、木材加工、棉花加工、食品釀造、皮革、文化用品、印刷等企業。

農　業

生產習俗，流行於聊城一帶。古為農桑之地。東阿以生產「阿縞」而聞名，曹植在〈社頌序〉中譽為「田則一州之膏腴，桑則天下之甲地」。臨清市、高唐縣從明清時期就已成為有名的棉產區。各縣市歷來以種植小麥、玉米（俗稱棒子）、地瓜（東阿俗稱芋頭，有的地方稱山芋）、穀子、高粱、大豆（黃豆）、棉花為主，另有綠豆、紅小豆、花生（俗稱長果、落生）、芝麻等。一般為一年二作，或二年三作，棉糧套種、棉花與土豆套種及部分立體種植。

響　場

生產習俗，流行於臨清市魏灣鄉一帶。1949 年前，每到收割小麥打場的時候，一些富裕人家，在自己的打麥場邊搭棚、請戲班子，並請鄉鄰親朋聽響場。在打麥場中央挖一個 7 至 8 米見方的大坑，上面加蓋厚木板，木板下掛銅鈴，多者三五百，少者一二百，大者如碗口大小，小的如雞蛋大小。軋麥時套上幾匹駿馬，每匹馬脖子上掛一串銅鈴，當馬拉著石滾子軋麥奔跑時，木板下的銅鈴，馬脖子上的銅鈴，加上戲班子的器樂和演唱聲交織在一起，非常熱鬧，給人們帶來豐收的喜悅，近年來此俗消失。

林果業

生產習俗，流行於聊城一帶。1949 年以前，多為農民自發經營，以楊、柳、榆、槐、椿、棗、蘋果、杏、桃、梨等為多，其中臨清市所產的「臨桃」，在清雍正九年（1731 年），定為貢品。1958 年許多縣市的樹種遭到嚴重破壞，1963 年後逐漸恢復，以集體種植為主。七十年代以來，引進雜交楊十幾種，果樹尤以蘋果、葡萄、山楂為最。1991 年後引進蘋果新品種有紅富士、北斗、新約拿金、新紅星等，產量也年年增多。

畜牧業

生產習俗，流行於聊城一帶。早年間以養牛、馬、驢、騾、豬、羊、雞、鴨、鵝等為主。七十年代開始養貂、兔、肉

食雞等。近年來東阿縣又引進「利木贊」牛、「新西蘭美麗努」羊、「愛維因」肉雞、「杜洛克」豬、「白來杭」雞以及魯西黃牛和德州驢。

副　業

　　生產習俗，流行於聊城一帶。早年間傳統副業有：油坊、粉坊、豆腐坊、條編、葦編、竹編、紡織、小五金加工、洪爐、木業、毛皮作坊、磚窯、石灰窯、烏棗、釀造、醬菜等。特別是臨清的竹編，在明朝就有相當規模，編框夫王朝佐在明萬曆年間就在反銳監馬堂的事件中英勇就義，臨清的皮毛製品在清雍正年間定為貢品，臨清哈達更是久負盛名，臨清磚為修建明十三陵和故宮樹起了一塊豐碑，臨清的腐乳在清朝就是進京佳品。近年來又發展養蘑菇、蚯蚓、蝸牛、蠍子、鵪鶉等，又有其他養殖業、飲食業、運輸業、建築業、編織、木雕等行業。

水產業

　　生產習俗，流行於東阿縣及聊城一帶。1958 年以前，主要以自然河溝、坑塘為主。近年來野生魚類繁殖場所已不復存在，以人工養殖為主。1991 年東阿縣開發利用水面達 3.5 萬畝，其中植葦、種藕 1.83 萬畝，養魚 1.67 萬畝，優質魚種 20 餘種，年產 3000 餘噸。

十二、商業貿易

店鋪開張

俗稱「開門」，又稱「開市」，商業習俗，流行於聊城一帶。店鋪開張之日，必須燃放鞭炮，店鋪門面貼「生意興隆通四海，財源茂盛達三江」，橫批為「開業大吉」等內容的對聯。民國前，店主多供奉財神，並把算盤放在財神像下，以祈招財進寶。親友送鏡匾、喜幛祝賀，上寫「開業大吉」、「開張紀念」等賀詞。店主於當日用酒席招待來賓，1949 年後，此俗一度廢止，八十年代後又恢復，近年日盛。

攤　販

貿易習俗，流行於聊城一帶。其主要是以肩挑、推兩輪車或長途販運，或者擺地攤的小本經營的個體商戶。門類繁多，如：小百貨、食油、衣服、農具，也有磨剪子搶菜刀的，剃頭、收破爛、賣老鼠藥、賣針頭線腦、砸白鐵、修雨傘、修鞋、補鍋、鍋盆鍋碗鍋大缸、收酒瓶子、焊錫壺、換糖稀等等，五花八門，應有盡有，至今此俗很興盛。

集　市

貿易習俗，流行於聊城一帶。古時以日中為市，出稱為

集，人們到集上買物品稱為趕集；有的人到集上轉轉、看看，叫做趕閑集；集市結束叫散集。集有日期，約定俗成，有單日、雙日之分。集有大小集之分，全天的為大集，午後即散的為小集。有的地方還設有早市、夜市。集日一般有三八集、二七集、五十集、一六集、四九集等。集上分行劃市，貿易市場大致為糧食市、菜市、魚市、雞蛋市、家禽市、木料市、傢俱市、肉市、車子市、帛市、牲口市、狗貓市、鴿子市，近年來養觀賞動物和買賣觀賞動物的尤多。現今集市由工商部門管理，此俗在目前仍很時興。

搖　會

商業習俗，流行於聊城一帶。民國年間，聊城東門外是一溜河窪，每年正月，河窪一帶攤點羅列，賣吃食的席棚比比皆是，各類雜耍玩藝應有盡有，其中有一種雜耍為搖會。攤主用三粒骰子，放入一套木碗中，搖晃幾下，掀開後點大的為贏，贏者可得到一串山梨粘，也叫冰糖葫蘆，或者得到一隻茶碗。搖會在搖骰子以前先派簽，簽是寫號碼的小竹披，每根簽收三五分錢，買簽者少則幾人多則十幾人，人多時常取前兩名中獎。以此法銷售山梨粘和茶碗。推主派簽的唱詞生動聲韻和諧宏亮，俚俗動聽，頗能吸引圍觀的人群。搖山梨粘和搖茶碗的唱詞，不盡相同，前者多為順口拈來，風趣押韻，婦孺皆懂，常為兩人一唱一和，每人連唱三句，中間夾虛字。搖山梨粘的唱詞：「走南京，到北京，搖會的賣買天下興，往南只到南陽府，往北只到北京城，往東只到東海岸，往西只到西安城。派派那個簽，都來搖，看看誰的運氣高，五分錢來不算事，打打

哈哈解解悶。五分錢那不算多，不是勸你來賭博。小兄弟快掏錢，輸贏只當鬧著玩。五分錢來你捨得花，大嫂出來就當家，老大娘你也開開心，贏串山粘哄孫孫。」等等。有時還向熟識的婦女派簽：「給你根簽，你別跑，明年一定得胖小。大嫂子，來根吧，明年得個胖娃娃。胖娃娃，會找媽，你吃串山粘就來啦。」搖茶碗的則唱：「一個簽哪一趟街，呂蒙正提籃趕過齋，張飛殺豬賣過肉，劉備涿州賣過草鞋，關雲長落難去推車，江湖漂泊埋英才。兩個簽那個兩扇門，陳州放糧的包大人，鐵面無私的包文正，除奸除霸救黎民，陳州那個放糧三個月，回朝一怒鍘了皇親。」1949 年後此俗消失。

對瓦片

　　貿易習俗，流行於莘縣一帶。五十年代以前，莘縣各鄉鎮都有騾馬大會，集市多設有牲畜交易市場，牲畜交易多由經紀人撮合成交。一但成交，雙方都不能反悔，如買方現金不足，要賒牲畜或者暫欠部分現款時，由經紀人出面，雙方互通村名人名後，約就一個交款的時間和地點，並當著經紀人的面，隨地拾一塊瓦片，當即摔成兩半，雙方各執一半。到了約定時間，不論何人到約定地點，只要對上瓦片，買方就把錢付於賣方，瓦片就地銷毀。此俗近年見少。

十三、山會廟會

小泰山山會

廟會習俗，流行於今平陽縣東阿鎮，1949 年前屬東阿縣。小泰山，又叫小岱山，位於東阿鎮，原為東阿縣治所在地。相傳小泰山上建有東嶽廟，比泰山東嶽廟要早。宋朝時香火最盛，元朝衰。明萬曆年間，太子少保、禮部尚書、東閣大學士于慎行（祖籍今東阿縣楊柳鄉前屯村，當地人稱於閣老）與首輔張居正政見不合，家居 17 年，他和都堂孟一脈在東嶽廟北、小泰山極頂按照泰山的模式興建碧霞祠，祠內供泰山奶奶，另建有南天門。並用「收市三年」的方法發起了山會（亦稱廟會）。會期從農曆三月二十八日開始，歷時一個月。山會興盛時期，整個山城人山人海。手持香火的善男信女，往來如織，一隊隊來自各地的趕會隊伍，打著「朝山進香」的三角旗或長方旗的「香社」香客絡繹不絕。有的香社還帶著樂隊、高蹺、龍燈、獅子。趕會的人群摩肩接踵，有步履蹣跚的老人，也有天真爛漫的少男少女，還有走一步磕一個頭的老太太，也有從遠方來的僧人道士。會場從老城西門到小泰山腳下，過街大棚長達 4 華里。山會歸行劃市，江南的竹貨市、樟木市，臨清、濟寧的小五金市、藥材市、鐵匠市、木器市，還有來自內蒙古的馬，山西的羊等等。小泰山西頂石坪上有三四家馬戲團競技演出。

城裏三官廟、關帝廟、戲樓均演大戲，香客、香禮的「願戲」則在東南門外的旅店裏。說書的書棚遮天蔽日地搭在縣衙西的「西公街」。據說，山東快書《武松大鬧東嶽廟》的故事，就發生在這裏。大會前必降雨洗山，會後也一定降雨清山。相傳是泰山奶奶的法力所為。山會在民國以前很興盛，明清時期為最，日軍占據東阿城後，廟毀、香火廢。1949 年後曾恢復了山會，但在「文革」中又遭廢除，1988 年東阿鎮又年年舉辦物資交流大會。1991 年 10 月在小泰山西側發現明代石刻碧霞元君像（俗稱泰山奶奶）和兩尊陪像，鎮政府已決定在小泰山極頂重建碧霞祠。

許昌營廟會

廟會習俗，流行於莘縣一帶。許昌營廟會是莘縣最大的廟會。會址在王鋪鄉任莊東頭。相傳，三國時期曹操出征時在此紮營，後來建村取名為許昌營。唐朝初年在這裏建奶奶廟，後來漸漸形成廟會。會期從農曆三月二十八日開始，會期 4 天，若逢閏三月，會期延至 7 天，方圓幾百里的山東、濟南、河北及周圍縣市的人都來趕會，有進行貿易的，有專程進香的，也有遊玩看熱鬧的，每年趕會者都有數萬人。大會期間，把布匹、糧食、牲畜、百貨等分成若干個市場，並有許多劇團、馬戲團到會演出。據 1950 年統計，趕會者近 10 萬人，交易額達 8.7 億元人民幣；1987 年統計，趕會者達 10 萬人以上，日交易額為 34.5 萬元。此俗至今仍很盛行。

朝城古廟會

廟會習俗，流行於莘縣。朝城的古廟會較多，每月都有，會期一天。每年農曆二月二的老君廟會；三月三日的北極廟會；五月十三日的關爺廟會；十二月十二日的龍王廟會，會期均為一天。唯四月分有二個廟會，即四月一日的天齊廟會；四月十五日的呂祖閣廟會，會期各一天。大會期間，方圓數十里的人都來趕會，大會上分木料市、傢俱市、牲畜等交易市場。此俗至今仍很盛行。

菩薩廟會

廟會習俗，流行於莘縣一帶。菩薩廟會在莘縣張寨鄉蔡相莊，每年兩次，一次是農曆二月二十日，另一次是九月十日。大會期間設有木料市、豬羊市、糧食市、騾馬市等，到會人數達幾萬人，大牲畜成交數達千頭以上。此俗至今盛行。

泰山三奶奶廟會

廟會習俗，流行於莘縣一帶。會址在莘縣大張家鎮馬陵村。相傳，廟會起源於唐朝，每年農曆三月十五日設會，會期一天。會間除具備一般物資交流外，主要是大牲畜交易，上市量 1000 頭左右。

泰山四奶奶廟會

廟會習俗，流行於莘縣一帶。會址在莘縣大張家鎮韓廟村。相傳，廟會從明朝開始，每年正月十八設會，會期一天。

趕會人數多達數萬人，大會期間主要是農用物資、農用雜貨和大牲畜交易，大牲畜成交額大都在數千頭。此俗至今盛行。

陳口大會

廟會習俗，流行於聊城東關外陳口村一帶。每年農曆二月十九舉辦四天騾馬大會。陳口村東有座准提庵，庵內有尼姑主持，會期為菩薩誕日，四方善男信女為慶祝誕生日而形成廟會。陳口村位於京杭大運河東岸，是東南各鄉入城的必經之地。每到廟會會場上各行各業分區分段擺攤設點，農器具、衣物布匹、日用百貨紛然雜陳。各類飲食行業，如：包子、厚餅、餛飩、辣湯的叫賣聲喧嚷不絕。說評書、大鼓的，打洋琴、拉洋片、唱小曲的江湖藝人，也各自支棚說唱。在村南空地上築有戲臺，兩邊懸掛著兩隻盛滿豆油的小鐵鍋，入夜後，粗大的燈撚把戲臺照得通亮。一陣陣鑼鼓聲，器樂的吹奏聲在夜空中飄蕩。在戲臺前，一輛輛騾馬大車、轎車緊緊相連，排成半圓形，看戲的婦女兒童坐滿車上。在戲臺的西南方，有一條南北大道，是賽馬場。每年大會期間，都有跑馬競賽。許多外省縣喜歡玩馬的公子哥兒，特地趕來參加賽馬。群馬奔騰，追風掣電，喧嚷喝彩聲響徹雲霄。五十年代後，陳口大會被物資交流會代替。

柳園大會

廟會習俗。農曆三月十八日，聊城東關柳園大會四天，大會為泰山碧霞元君的誕辰日。會間人山人海，各行生意齊全。城鄉婦女進廟燒香許願的，擁擠不堪。廟內有子孫娘娘泥塑神

像，許多婦女到神像前求子拴娃娃。大殿內外香煙繚繞，鐘磬響聲不斷。柳園泰山行宮殿宇深邃，花木繁密，有百年海棠，巨株蒼松，曾住有道人主持香火。1949 年後柳園大會逐漸成為定期的集市，並多次舉辦「九九」秋季物資交流大會。

王官寺大會

廟會習俗。相傳大會為東嶽天齊大帝的誕辰，每年農曆三月二十八日，聊城市東南鄉王官寺，每年如期舉辦廟會，會場方圓十餘里，規模居全市廟會之冠。此處廟宇交錯，樓閣重迭，是魯西一帶有名的古建築群。大會期間，場面熱鬧，為周圍各縣善男信女所重視。

東關香火會

廟會習俗。農曆九月九日，聊城市東關華佗廟照例舉行兩天香火會。傳說這一天是華佗的生辰。廟會人聲鼎沸，場面火爆。為了趕會，城外四面八方的婦女，往往在前一天就來到城裏，有的住在親戚家，有的擁擠在華佗廟大殿裏，席地而坐，一夜誦經念佛，喧囂達旦。這些婦女多為農村老嫗，從七八十里以外來，燒香行好，還願祈福。

十四、借貸租賃

年關清債

借貸習俗，流行於臨清一帶。1949 年前，各商戶每至年末便催討舊債，以除夕之夜為甚。欠債人如能還債，則相安無事，若無力償還，且又被債主找到，就有可能大打出手。無法還債者往往每至年末便躲往外地，當地人稱「下帽盒」，直至除夕下半夜方可回家。正月初一若與債主相遇，雙方則雙手抱拳互賀新年，不再提欠債還錢的事。1949 年後此俗漸漸減少，近些年來已很少見。

租　賃

房屋及物件出租習俗，流行於東阿一帶。舊時房屋或物件租賃，一般不立契約，租房由房主與租房戶議定租金與租用時間，一般是一年一議。賃房的時間一般較長，大都是幾年或幾十年。賃金一次向房主付清，不到期房主不得收回，現今房屋租賃，若私人對私人一般不立契約（即合同），而公家與私人之間則訂合同，有的還要司法部門進行公證。

十五、家庭宗族

家　庭

　　家庭習俗，流行於東阿一帶。東阿一帶的家庭類型，一般按世代輩分劃分和按婚姻關係劃分兩種類型。按世代組成的家庭有夫婦一代，雙親子女兩代、祖孫三代、四世同堂、五世同堂等。按婚姻關係構成的家庭，有單一家庭和複合家庭兩種。單一家庭，或以一對夫婦構成，或以一對夫婦加子女構成，或以一對夫婦加子女再加兄弟姊妹構成；複合家庭，是以兩對以上夫婦構成，或兩對以上夫婦加各自子女，或再加各自旁系近親兄弟姊妹構成。現今以單一家庭居多，複合家庭較少。

家　族

　　又叫宗族，宗族習俗，流行於東阿縣境，沿襲舊時九族制。九族制的重要標誌是喪制的五服。按五服制，喪服分斬縗、齊縗、大功、小功、思麻，以此確立由本人上至高祖，下至本人玄孫之間九代血親系統，以出不出五服來論親族遠近；五服之內稱為本家、本族，五服之外為同宗同姓。此俗沿續至今。

十六、村落

村　落

　　村落習俗，流行於東阿縣。東阿縣的村落組成，春秋時期建立村莊 1 人、漢朝 1 個、唐朝 1 個、宋朝 6 個、元朝 10 個、明朝 502 個、清朝 74 個、民國 2 個，1949 年後 3 個。其中 362 個村來自山西移民，71 個村來自青州、登州，11 個來自北京，1 個來自天津，7 個來自河北，13 個來自河南，還有從江蘇、安徽、江西、福建和周圍各縣遷入的 50 個，子孫繁衍由附近村莊分離出的 85 個。從村莊命名上看，有 427 個以村民姓氏命名的，有 32 個以村中名人命名的，有 41 個以地勢山水命名的，有 39 個以奇聞傳說命名的，有 26 個以祠堂廟宇命名的。村落的性質特點（或特徵）從命名上看可分四種類型。一為鎮、集、店、屯、營、村、莊；二為樓、堂、廟寺、園、坊、場、窯；三為山、寨、崗、堌、堆、墩、窩、洞、坑；四為口、渡、碼頭、河、窪、溝、嘴、圈等。

十七、民間神靈

花姑神

　　民間神靈，流行於高唐縣境內。相傳，在很久很久以前的正月二十八晚上，一位仙女下凡於高唐縣城郊，並於當時，以自帶的棉柴搭起房屋，居住下來。以後便教人們植棉、彈花、紡紗，高唐縣人的生活也一天天富裕起來，至今還流傳著「金高唐，銀夏津」的美譽。若干年後的正月二十八日，花姑突然去世，人們為了紀念這位仙女，把正月二十八日定為花姑節，把花姑奉為花姑神，並建祠修廟，塑造了一位婷婷玉立的仙女神，每到正月二十八日，人們便不約而同地帶著菠菜葉子和白麵疙瘩為供品，來供奉花姑神，菠菜寓意為棉花葉子，麵疙瘩寓意為棉桃。至今還流傳著「收花不收花，單看正月二十八」。這一天晴空萬里，說明花姑神高興，棉花一定豐收，如果這一天是陰雨天，則視為花姑神不高興，棉花就要減產，人們就要進一步向花姑神祈禱以保佑棉花豐收。現今供奉花姑神的人不多了，但總是盼望正月二十八日是個好天氣，以象徵棉花豐收。

城隍出巡

　　民間神靈，流行於聊城市一帶。城隍每年要外出巡視三

次，一次在清明節，一次在七月十五，一次在十月初一。城隍為一尊木雕神像，身穿刺繡蟒袍，白面長髯，紗帽緞靴，儀表軒昂。出巡時端坐八人晾轎，由府城隍廟出發，經過東城門、東關大街，過運河通濟橋向北折，到北關玄帝廟，抬進大殿略事休息，再由北門返回城隍廟。一路上前呼後擁，人聲鼎沸，鼓樂笙簫，還有高蹺隊邊唱邊舞。轎前打著金瓜、鉞斧、官銜牌、肅靜牌、香幡彩亭、全幅儀仗逶邐半里路長。四個垂髫童子，簇擁在神轎周圍，各執一隻長索垂繫的香爐，陣陣馥郁的香氣灑向人群。緊隨出巡隊伍的還有因病酬願的人，他們扮做神的護從，飾做鬼卒皂隸，執刀持棍，護擁神轎。也有項荷木枷充做犯人的，還有孩子脖頸帶著紙做的薄枷，由大人抱著，擠擠蹭蹭隨隊行走。看熱鬧的人群沸沸揚揚，擠滿了大街小巷。民國後，城隍出巡盛典每況愈下。1958 年拆廟拉神後，此俗停止。

城隍出巡

民間神靈，流行於臨清市。明清，臨清磚城內建有城隍廟。相傳，城隍是專門看守城池的。並於每年清明節、農曆七月十五日和十月一日，城隍都要身著蟒袍，腳穿朝靴，乘八抬大轎巡視四鄉。每至祭壇，即落轎奠祭，香火頗盛，許多人們都到供桌前求安、求子，出資所耗費用，由民眾攤派，三十年代後，此俗廢止。

關羽生日

民間神靈，流行於臨清一帶。相傳農曆元月二十四日，是

關羽的生日，又稱「關二爺」生日，人們都崇拜關羽的忠貞與勇武，並為其修廟樹像，稱為「關公廟」。每到這一天，若下雨，人們便認為「關二爺耍酒瘋了」。若久旱不雨，則要到關公廟上供祈雨，並將神像抬到村外打麥場的石滾子上，曬三天，期間若下大雨，沖壞神像，則示顯靈，並重新塑畫新神像，稱為給關二爺換衣服，並擺供謝恩。三天後若仍不下雨，則要用轎抬關羽塑像沿街祈雨，直到下雨為止。秋收後搭棚演戲給關二爺看，稱「謝雨大會」。1949 年後此俗漸少。

送生奶奶

　　民間靈神，流行於聊城一帶。農曆四月八日被認為是送生奶奶的生日，許多廟中都塑有送生奶奶的神像，沒有兒女的婦女多於這一天到送子奶奶跟前求子。送生奶奶身穿黃褂藍褲，披紅斗篷，金黃慈善的面孔，懷抱一個胖娃娃。胖娃娃生殖器外露，求子者一邊燒香一邊禱告：「求求奶奶行行好，給俺家送個大胖小（指男孩），奶奶給俺送到家，年年廟裏把香插。」拜完，從送生奶奶懷中胖娃娃的生殖器上掐一塊送入嘴中吞下，看廟和尚再重新補好娃娃的生殖器，以備下一個求子者用。1949 年後此俗已廢。

張　　仙

　　民間神靈。相傳，張仙名叫張遠霄，四川眉山人，五代時遊青城山得道。也說即蜀王孟昶。此俗流行於聊城市一帶。民國年間，聊城一帶城鄉居民家中除供奉菩薩、灶王之外，多供奉張仙，特別有孩子的家庭，更無例外。張仙是自紙上彩繪的

一個白面美髯的男子，挾弓引箭，向天而射，天空上方一隻狗吠而逃。這隻狗即是天狗星，專愛跑入人家中咬傷兒童。張仙專為保護兒童的安全，看見天狗便立即驅除。又說，凡是沒有孩子的人家，供張仙還可早生兒女。

黑龍神

民間神靈，流行於陽穀縣張秋縣一帶。相傳，早年間張秋李家生子有尾，乃是張秋鎮東黑龍潭中的黑龍轉世。其父以刀斷其尾。黑龍負疼而逸，避居東北黑龍江中，後每年盛夏回張秋為其母上墳，來時必攜風雨雷霆和冰雹，至張秋而止。人們為它建廟宇，稱「將軍廟」，每於夏秋之際，黃河發大水時人們不約而同前去將軍廟祭祀，以祈退水消災，保佑地方安全。黑龍被視為張秋的保護神，遠近有「冰雹不落張秋，黃河水不淹張秋」的傳說。今「將軍廟」已拆，祭祀之俗漸漸減少。

井 神

民間神靈，流行於臨清市一帶。每年臘月三十日下午，各家各戶都到井邊去挑水，以備足年關的用水。相傳，井下的泉眼通向海底，由龍王管轄。新年初一任何人不准動水，否則井神報告龍王立即停水。初二方可打水，挑水者要先給井神燒香上供，再挑水。相傳，龍王早晨給的水為財，早晨挑水為搶財。近年此俗已不時興。

文昌帝君、火神

民間神靈，流行於臨清一帶。農曆二月初三是文昌帝君的

生日，民國前各地多建有文昌帝君廟，廟內大殿中塑有文昌帝君神像，右邊是神情焦急的啞人像，還有魁星點狀元像，每至二月初三日，學子們便來廟中上供跪拜，祈求心靈智足、學業早成，每位知縣到任的第一天，便來廟內祭拜。1949 年後此俗停止。

火　神

民間神靈習俗，流行於臨清一帶。人們把火神稱為「火帝君」，祭祀者多為鐵匠。相傳，人們用的鐵器用具是火神創造出來的，並傳授給鐵匠，後來洪爐旁都供有火神牌位，兩側對聯：「東廚司命王」，下聯為「南方火帝君」，橫聯為「火帝君親師」。農家把火帝君視為當家人，並能保佑人發財致富。五十年代後，此俗漸衰。

財　神

民間神靈習俗，流行於臨清市。四十年代前多建有財神廟，塑有財神像，大門貼對聯為「代天興寶藏，裕國足譽巷」的對聯，大殿門旁貼「寶馬馱來千倍利，錢龍引進四方財」的對聯。每年農曆七月二十一日至二十三日舉行財神會，商戶及富足人家多去廟裏祭拜財神，一般人家也多供財神。1949 年後曾一度不祭財產，近年又有人供奉財神，經商者更甚。

螞蠟神、宅神

民間神靈（管螳蟲的神），流行於臨清一帶。民國以前境內修建螞蠟廟，廟內供螞蠟神。每年春天，人們紛紛到廟內祭祀

螞蟻神，祈求螞蟻神保佑人們五穀豐登，免受螞蟻神的懲罰（蝗災）。五十年代後螞蟻廟被拆，此俗廢止。宅神，六十年代前農村修建房屋時，都在北屋門的左側牆上修一個一磚（豎向）大小的神位，專供宅神，每到農家的大小節日，或每月的初一和十五日都必須為宅神上供燒香燒紙，以保佑全家六畜興旺，闔家平安，人丁興旺。現今的老住房仍有宅神，新蓋的房子一般都不專修宅神牌位。

天地神

亦稱天爺爺、地奶奶，民間神靈，流行於東阿一帶。在農村家家戶戶都在堂屋（即北屋）門右邊的牆上挖一個約尺半高、七八寸寬的小佛龕，又名天地窯子，裏面置放天地牌位。每當月初、十五或重大節日，家人都要為其上供燒香。平時家庭改善生活時，先供天地神龕，爾後全家才能吃飯。若男女青年結婚時，往往要先拜天地神，再拜高堂，最後夫妻對拜，統稱拜天地。此俗在農村仍流行。

城　隍

民間神靈，流行於東阿一帶。相傳城隍原是城池神，後來引伸發展成主管城市城廓一切的神，能秉權生死，立降禍福，1949 年以前，縣城都有城隍廟，新官上任先要去城隍廟拜城隍神，民間的許多事情也要到城隍廟去祈禱。據《東阿縣誌》記載，元朝時，以曹植為東阿城隍，至明朝時，縣令宮欽改正其訛。信奉城隍之舉至 1949 年廢止。

土地神

俗稱「土地爺爺」、「土地奶奶」。民間神靈，流行於聊城一帶。相傳土地原是社神，社神又稱「社翁」，是個老公，人們不忍心叫土地公公常年孤獨，方給他娶了個媳婦，取名土地奶奶，在大小土地廟裏都有一男一女兩尊泥塑。相傳土地神原來只管土地及農作物生長，後來又兼任城隍以下的地方行政，負責叫陰差收容羈押新喪的鬼魂。人死後報廟就是向土地爺報告這個人已經死了，並把鬼魂交給土地爺，以便陰差羈押到陰曹地府。土地廟的位置一般設在村頭大路旁，1949 年後多被拆除。「文革」中又拆一次，土地廟幾乎全被毀掉，人們報廟只能到土地舊址或十字路口去舉行此種儀式，近年又有些村莊在村頭蓋起簡易小廟。

灶　神

俗稱「灶君」、「灶王」、「東廚司命」，民間神靈，流行於聊城一帶，是玉皇大帝派往民間各家各戶的監察神。每年臘月，臨近年節時去天庭向玉皇回報一次。辭灶的時間，都在臘月二十三日，祭過後便送灶王「上天言好事」，等到正月初一再迎灶王「回宮降吉祥」。通常流行的灶神，是一張彩色木板年畫，分大小兩種，大者在灶王的上半部印有二十四節氣表，類似現在的年曆；下半部分兩格，上為彩印的財神和招財進寶的童子；下為彩印的灶神及兩位夫人，左右兩邊分別有一雞一狗，兩邊是八仙鑲邊，每邊 4 個。小灶禡，只有灶神和兩位夫人，一雞一狗，無灶禡頭和財神童子。灶神一般供奉在鍋

灶王　攝影／張禮敏

臺上方的擱板上，同時放一小型香爐（有的用一個小黑碗代替），平常為灶神只燒一炷香，民間有句諺語：「灶王爺擔不得三炷香」。供灶王的習俗在「文革」中一度中斷，目前廣大農村仍有流行。

財　神

　　民間神靈，流行於聊城一帶。許多家庭供奉文武二財神。相傳文財神是殷商時的比干，因被紂王挖去了心，不能偏袒，可以秉公辦事，使大家都發財；武財神，傳說是三國時的關

羽，因他義氣千秋，安良除暴，可保大家發財；從祭的還有招
財童子、市利仙官等。通常流行的財神為木刻年畫，上武下
文，比干紗帽、紅蟒，正襟危坐；關羽手持春秋寶刀，儀態儼
然，至今此俗仍在民間流行。

碧霞元君

又稱泰山老奶奶、泰山娘娘、泰山老母。民間神靈，流行
於聊城一帶。碧霞元君的全稱是「東嶽泰山天仙玉女碧霞元
君」。相傳宋真宗時封禪泰山後，曾在池中得一石人，遂建祠
奉祀，號為聖帝之女，封為天仙玉女碧霞元君。並在泰山極頂
建有宏偉的銅瓦殿，各地都有行宮。1949 年前，東阿鎮（原為
東阿縣治，1949 年劃為平陰縣）的小泰山（又叫少岱山）就建有一座碧
霞祠，東阿及周圍各縣的百姓朝拜泰山奶奶時一般都在此地。
小泰山在每年的農曆三月二十八日舉行廟會，會期達一個月。
臨清市區東環路上建有歇馬廳，為迎接泰山奶奶的廟宇，1958
年拆除，1992 年重建，並恢復廟會。在城西南建有碧霞宮，
1958 年河道拓寬時被拆。

吾黨神

民間神靈，流行於東阿縣鄧廟村一帶。1980 年出土於鄧
廟村的神像，相傳為 1947 年黃河修堤時埋在堤下的，為元代
所留。當地群眾有句口頭語：「先有吾黨後有玉皇」（另說「先
有吾黨後有天」）。吾黨神像為盤腿座像，無冠，童顏烏髮，梳
兩個髮髻，細眉大眼，身穿袍衣，有六隻手，其中一隻手拿串
珠，兩隻手捧折本，三隻手拿卷式太極圖。至今香火不斷。

三　皇

亦稱「藥王」，為天皇、地皇、人皇；伏羲、神農、黃帝的代稱。民間神靈，流行於東阿縣鄧廟一帶。神像塑於鄧廟三皇殿內。

漁　姑

民間神靈，流行於東阿縣魚山一帶。相傳漁姑是玉皇大帝的義女，掌管天下的水族，有一次路過魚山，看到這裏山青水秀，人傑地靈，便住了下來。自此，海洋裏的魚兒在每年的桃花汛期，順著河水來到魚山朝拜漁姑。後來，不知何故，漁姑被召回天庭，人們為了懷念她，便在魚山頂上建了一座漁姑廟，塑金身，每年香火不斷，歲歲遊人不絕。直到日本侵略軍占據魚山，在山頂修炮樓，遂將漁姑廟拆除，現僅有古廟瓦礫。

曹子建

民間神靈，流行於東阿縣內。魏太和三年（229 年）至六年（232）年曹子建曾做東阿王。相傳他非常喜歡雜技藝術，宣導雜技活動。今天的雜技節目就是當年曹子建傳下來的。雜技藝人信仰曹子建，並奉為神靈，代代相傳，至今在民間雜技藝人中仍流傳這樣的民謠：「跑馬賣解上大杆，跳丸擊劍流星鞭。走行行會保平安，莫忘先拜曹子建」。

十八、信仰祭祀

鯉魚放生

　　祭祀習俗，清末民初流行於聊城市。正月初二，各商鋪和居民家庭供奉財神並焚香叩首，頂禮膜拜。這一天，人們攜帶酒饌到廟裏去祭神「借寶」。聊城市祭禮財神有兩處，一是山陝會館中的財神殿，另一處是城內王家園街的財神廟。較大的商號店鋪，還要買條活鯉魚去祭財神。把鯉魚的魚眼糊上紅紙，放到神案上，斟酒酹祭完畢，立即將魚送到城外護城河裏放生。這一天，在通往東城門的路上，擺列著一個個水盆，專賣祭神的活鯉魚。沿途去財神廟燒香的人群，來來往往，絡繹不絕。祭神之後，當天晚飯要吃餛飩，寓意財神賜的元寶。民國初年，聊城有家「三合堂」書鋪，自編自印唱本，其中《東昌俗曲十二個月》中有這樣一段：「正月初二呀祭財神，點上蠟燭把酒斟，一尾尾鮮鯉魚，活蹦亂跳真喜人。磕罷頭，祭罷神，護城河闊水又深，鯉魚放生呀福來臨。鞭炮響後已黃昏，家家吃餛飩……」。就是鯉魚放生的寫照。

祭土地

　　祭祀習俗，相傳二月二是土地真君的生辰。清末民初流行於聊城一帶。這天，各街巷的土地廟，都有居民們打掃灰塵，

擦拭神案，焚香叩拜，但香火最盛的是聊城東關街博聊關東邊的督土地祠。相傳督土地即是唐代韓文公，他在潮州驅鱷魚為民除害有功，死後授於土地真君神職。明成祖燕王朱棣發動靖難之戰時，曾在聊城被鐵鉉部將平安追擊，危難中在城東白玉橋邊被土地救了駕。朱棣即位後，敕封祂為督土地之神。一般的土地神像頭戴冕旒沖天冠，身穿滾龍袍，一副帝王形象。且有夫人陪坐，旁立侍童。祂職權很大，天下大小土地爺，都在祂的統轄之下。督土地祠旁博聊關牌樓上，鐫刻長聯為：「南國除凶千載功勳日月，東野救主一時名譽滿乾坤」。二月二這天，從早到晚，督土地祠內香煙繚繞，明燭輝煌，鞭炮聲不絕於耳。城關的善男信女燒香叩頭的絡繹不絕。民國十五年後，祭土地的人日漸減少，三十年代聊城宿儒「湄東逸老」朱德孚，曾著《桑田俚歌集》，在一首詠物絕句中這樣寫道：「龍抬頭日祭文公，博聊關下車馬騰，曾憶昔年佛骨諫，應笑今朝眾生懞」。

王母娘娘的生日

　　信仰祭祀習俗，流行於臨清一帶。早年間，臨清各地都為王母娘娘建廟，並把三月三日視為王母娘娘的生日。每到生日這一天便到娘娘廟前搭臺唱戲，舉辦廟會，會期 5 至 10 天，大會期間除拜祭燒香外，還兼有貿易交易。早年間以小金頂娘娘廟香火最盛，凡想修道成仙者，必於這一天為王母娘娘上壽進香，近年來此俗已廢。

打　醮

信仰祭祀習俗，流行於聊城一帶。在農活還不太忙的春秋季節，村裏的首事（領頭辦事的人）出面向群眾斂糧食，一般用攤派形式，殷實富有之家也肯多拿，較貧寒的家庭就不斂了。再邀請道士多人，在吹奏樂器的伴奏下搭棚念經，周圍鄉村的男女老少，按指定時間跟著道士巡行全村，宣揚佛號，此時，鞭炮齊鳴，十分熱鬧，為期三至五日。凡參加打醮的人由首事免費招待酒飯，這個過程叫打醮，意在祈求年景豐稔，驅除災邪疫情。近年此俗很少。

打疏頭

信仰習俗。寺觀裏的和尚、道士，以向祈神福來向群眾斂錢，購買食物及香燭供品，凡是交錢的善男信女們，在僧道的誦經焚疏之時，大家一齊點香叩拜。佛事結束後，免費吃飯，而後各自散去。這種佛事的全過程叫打疏頭。1949 年後此俗絕跡。

抬　輦

信仰習俗，流行於莘縣一帶。1949 年前後，莘縣一帶每逢天旱，民間便舉行抬輦祈雨活動。在一張八仙桌的兩邊各綁一條扁擔，四個桌角上各綁一個大柳枝，把柳枝頂部纏在一起，形狀像一頂轎，亦稱做輦。把大約半米高的關公像或龍王像放在柳條圍的轎子裏，四個人抬起來遊走，這叫抬輦。抬輦的天數不等，最少三天，也有五天、七天或半月不等。一般都

在族長或村長等人帶領下抬輦遊行，也有的到外村遊行。並有鑼鼓器樂相隨，一邊搖著旗子，一邊喊著口號，頗為壯觀。鄉民們沿街設香案，焚香燒紙，磕頭禱告，祈求早降大雨。輦遇香桌，前後迂迴，左右轉動，走鐵鎖、連環套等抬輦路數。相傳，抬輦隊伍進縣城，縣官及下屬也要走出衙門祭輦，並隨輦遊行。抬輦時間一般選在夏季的中午，驕陽似火的時候，抬輦者赤膊上陣，大汗淋漓，以感上蒼。此俗至五十年代後不再實行。

寡婦掃坑

　　信仰習俗，流行於莘縣。八十年代以前，每個村莊都有一個或數個大小不等的坑塘，一般在村子的低窪地帶，在雨季多是蓄水滿池，天旱時乾枯。每逢久旱無雨，祈雨的人便把村中的寡婦聚集在一起，祭掃坑塘，祈求降雨。掃坑多選在中午，相傳，農曆五月十三和六月初一，是老天爺殺老婆，普天降雨的日子，祭掃時，坑邊圍許多人觀看助陣，寡婦們各持掃帚將坑掃一遍，邊掃邊唱：「掃坑邊，下一圈，掃坑底，下大雨。掃的掃瀹的瀹，三天以裏下滿坑」等等。接著，找一個屬大龍的寡婦，讓其頭頂簸箕，其他的寡婦往簸箕上潑水，同時繞坑轉幾圈，再分坐幾處，焚紙燒香，邊燒邊說：「老天爺，快下雨，救救庶民百姓」。說著說著便拉開長腔哭起來，頓時，所有寡婦都哭起來。隨著情緒感染和氣氛上升，聯想起做寡婦的難處，越哭越痛，涕淚交加。有的邊哭邊訴說，邊抬手摸天，邊垂手拍地，這一切令圍觀者也同時鼻酸落淚，紛紛請求：「老天爺快下雨吧！」許久以後，寡婦們相勸相扶結束祈雨活

動。此俗近年來已很少見。

棒槌頂磚

信仰習俗，流行於莘縣一帶。每到夏秋兩季，凡遇陰雨連綿大雨不止，農民怕農作物受澇歉收；有的急於外出經商貿易，十分盼望天晴雨停，就將棒槌立在院中，上面平放一塊磚，一邊唸叨：「棒槌頂磚，明兒好晴天」。還有將棒槌用繩子繫吊在院裏曬衣服的繩子上，一邊唸叨：「棒槌打提溜，明兒好日頭」。每到下冰雹時，從屋裏往外扔菜刀，以祈消災。1949 年後此種風俗逐漸減少。

靈物崇拜

信仰習俗，流行於東阿縣。人們對一些動物視為「精靈」。如狐狸，人們則視為「狐狸精」，會變成人，會附體說話，會給人降災或賜福等。人們見到它從不傷害，怕沾惹是非。有的人精神錯亂，語無倫次，則認為是「狐仙」附體。有些巫婆則請「狐仙」下凡，為人治病，並收取錢財。除狐狸外，人們還視黃鼬、刺蝟、長蟲（即「蛇」）等為靈物。如東阿縣沿黃河一帶村莊，把黃色小蛇視為「金龍大王」，在汛期來臨之際，要舉行祭祀，以求大王保佑，別叫洪水氾濫成災。對刺蝟也是如此，如果誰家的草垛、柴堆或糧囤裏有刺蝟，則被認為是大財大福，柴草用不盡，糧食吃不完。此俗在有些地方至今還存在。

石頭崇拜

信仰習俗，流行於東阿縣。
正月初十稱為「石頭生日」，不
少老年婦女端著水餃帶著香火去
拜石頭。如除夕晚上或正月初一
早晨，幾乎家家戶戶都去打穀場
裏給石滾子上供燒香燒紙。有的
地方，嬰兒出生後，認石滾子為
「乾娘」，這樣孩子好養活。有
些村莊路口常常立有一塊刻有
「泰山石敢當」的石頭，以避邪
鎮妖。家中蓋房用的門砧石普遍
為石頭，傳為鎮宅之物，可鎮百

泰山石敢當　攝影／張禮敏

鬼、壓災。至今此俗在農村仍然流行。

植物崇拜

信仰習俗，流行於東阿縣一帶。人們崇拜植物，一說古樹
年深日久，自成精靈；一說樹老乾枯，常有精靈居住。為此，
許多古樹，尤其是廟宇裏的古樹，經常有人去燒香磕頭，求藥
治病。常被崇拜的古樹有：槐樹、松樹、楊樹、榆樹、桃樹
等。此俗仍在農村流行。

祭　祖

祭祀習俗，流行於臨清一帶。早年間，富裕人家定期祭祀

祖先。一是家祭，每到去世人的周年或清明節，家人在家設供祭祀。親友族人也於周年時帶供品前來祭奠，在家行禮祭拜後，再到墓地燒紙。二是祠祭，舊時大家族都有祠堂，亦稱家廟，祠堂裏面放有歷代祖先的牌位，謂之「主」，平日放在木製的「主樓里」。部分農村亦稱祠堂為「影房」，內置一張寫有死者姓名的畫軸，又稱「軸子」，平時捲起來，放在木盒裏，除夕由長者擺好「牌位」掛好「軸子」，分別謂之「請主」，此俗至今仍在民間流行。

懸　影

祭祀習俗，流行於臨清一帶。正月初一早晨，同族男子聚於祠堂，依輩次排列，長者燃香後，即率大家同行三拜九叩禮，追念祖先。到初五晨，藏主落影。祠堂禁止女人入內，供品等費用均從公用收入中開支，或攤派到各家。三是堂祭，此祭祀規模較大，清明節和農曆十月一日、正月初五進行。祭日本族男子全部來到始祖墳塋，於日中時祭奠。清明節較隆重，各族皆搭棚插旗，請 4 位主祭先生主祭，一班吹鼓手奏樂，葷素祭品豐厚，另有豬頭、牛頭、羊頭「三牲」大供。族人按輩排列，焚香燒紙叩拜祖先。1949 年後，僅有家祭，又稱上墳，但趨於簡樸。

鬼　節

信仰習俗，流行於臨清一帶。農曆十月一日這一天，人們普遍到墳地燒紙錢、紙紮類的樓、錢櫃、衣服等，寓意又是一個季節，要為已故的人送錢送衣服，還要往墳上添土，以示為

死者修屋。

鬼開門

又稱鬼節，信仰習俗，流行於聊城一帶。相傳，農曆十月一日這一天，大小鬼魂經閻王批准，走出陰曹地府，來人間要錢糧衣物，如不遂願，則使生者不得太平。每到這一天，人們都要到墓地上供燒紙，送錢送寒衣。若在公墓燒紙，還要為死者的左鄰左舍的墓主燒紙點香，並囑託他們相互照顧，如果不為鄰舍燒紙點香，有可能爭搶死者的「錢物」。高唐縣一帶，在這一天出嫁的閨女都要回家為已故老人「送寒衣」。此俗近些年來一直實行。

治歪脖子

信仰習俗，流行於莘縣朝城以南地區。農村少兒歪了手脖、腳脖、胳膊，便由大人領著去找晚老婆（即後續的妻子）治療。歪與晚諧音，經晚老婆輕吹慢摩，傷情減輕。近年來這種習俗逐漸減少。

看風水、相面

信仰習俗，流行於聊城一帶。凡操此業者人們稱之為「風水先生」或陰陽先生，用羅盤所指的方向並乾坤圖形，與八字、時辰、天干、地支相對方。用於建房、殯葬等事。近年來信風水者漸少。相面，又叫「麻衣相」，以觀察五官斷定人的禍福、凶吉、婚姻等事。現今仍有盲人走街串巷算命的，也有到車站、公園等地擺地攤相面、算卦等活動。

十九、巫術禁忌

換仙童

巫術習俗，民國年間流行於聊城一帶。孩子生了病，爹娘心疼著急，一邊請醫生看病吃藥，一邊總疑惑觸犯了什麼神靈。為保佑孩子平安，除了虔誠地許願禱告，還去找神巫媽去查看根源。巫媽總是回答：這孩子是菩薩跟前的一個仙童，他是私自跑來投胎的。如果不另找一人去頂替，菩薩必然會把他喚回去，這孩子就再也不會回來了。那麼怎樣頂替呢？就需要拿出錢來，由巫媽置備香燭供品，並紮一紙童兒，在菩薩跟前焚化。這樣就算用這個紙人把孩子換回來，從此就可消除病災了。更為甚者，孩子往往因此延誤診治期，發生危險。1949年後，換仙童的習俗大為減少，但在偏僻的鄉村仍然流行。

換童子

巫術習俗，流行於東阿縣、莘縣一帶。巫師認為有的孩童是某些神靈跟前的仙童轉世人間，這類兒童命短，若被神靈發現就要召回。如果巫師發現誰家的孩子是童子時，父母就要請巫師到神靈跟前去換。巫師先在黃裱紙上畫一個童孩，主家是男孩則畫男孩，主家是女孩的則畫女孩。將畫的童孩與紙錢一起在泰山老母像前作法，請求老母開恩。巫師與主家同時下跪

祈禱，並將畫的孩童和紙錢燒掉，直等老母開恩，「換童子」的過程完成。巫師在給孩童「換童子」時，一邊祈禱一邊唸叨：「泰山老母，大慈大悲，大恩大德，童子本是老母之人，現私自下凡，其爹娘花上銀錢買之，並將×××於以換之，請老母開恩……。」此儀式結束後，主家要舉行酒宴請巫師，並以錢物贈送巫師。此俗近年來已很少見。

喚　魂

　　巫術習俗。民國年間，流行於聊城一帶，農村更為普遍。凡遇到孩子高燒不退、昏睡不醒，父母及長輩們認為孩子丟掉了靈魂，夜晚便上房頂去喚魂。喚魂，一般由兩個人進行，一人拿著孩子穿過的衣服，站在房上喊著孩子的乳名：「阿寶回來了嗎？」另一個人在屋裏答道：「回來啦！」這樣連喊十多遍。如果孩子受到驚嚇，也在夜深人靜時，由孩子的父母或親屬到受驚嚇的地點，一手舉著衣服，一手拉著耙子，一邊走一邊呼喚：「小順子，跟娘回家啦！」一路上喊聲不斷。回來後，在灶王像前燒香祈禱，求他接孩子回家。

叫　魂

　　民間巫術習俗，流行於東阿縣一帶。小孩突然受到驚嚇，哭鬧不止，或者昏迷不醒，大人們則認為這是掉魂了。叫魂通常有兩種方式，一是如果小孩在出門時受到驚嚇，家長就將孩子抱到出事地點，一手撫摸著孩子，一手在地上刮一下，然後從腳到頭撫摸小孩的身體，邊摸邊喊著小孩的乳名，一直到家為止。據說這樣，小孩的靈魂就能重新附體。二是小孩出事後

昏迷不醒，大人則用一把大掃帚，搭上小孩的衣服，由出事地點拖著往家走，邊走邊喊著小孩的名字，到家後，將衣服蓋在小孩的身上，據說小孩的生魂見到自己的衣服，聽到親人的呼喚，就會依附到衣服上，跟著大人回家，重歸本體。有些成年人若昏迷不醒，家人則站在房頂或者村口，敲著鑼、鐵盆等，呼喊：「××回來吧！××回來吧！家裏大人孩子都等著你啦」。此俗時至今日在農村仍有發生。

巫婆、神漢

巫術習俗，流行於聊城一帶。早年間人們得病後，總認為是魔鬼附身，便請巫婆（女的）神漢（男的）來為之驅邪捉鬼降妖，而後給巫婆或神漢一些錢財，以謝巫婆神漢的法力。近年來此俗已很少見。

打法茶

巫術習俗，流行於聊城一帶。巫婆在神像前供一碗涼水，稱為法茶，飲法茶可治百病。不少前來焚香叩拜，繳納香資的，把水取回去治病，稱為打法茶。1949 年後此俗很少見。

夜星子

民間巫術習俗，流行於聊城及東阿縣一帶。週歲左右的兒童若夜晚哭鬧不休，家長則認為有神鬼作祟，這個神鬼多是動物或年老成精變的，叫夜星子。相傳，夜星子專門在晚上以逗小孩哭為樂。但夜星子最怕天皇爺和地皇奶，小兒夜哭不止時，其家長便用紙寫上「天皇皇，地皇皇，我家有個夜哭郎，

過往的君子念三遍，一覺睡到大天亮」。把寫好的紙貼在十字路口或街頭顯眼的地方，過往的人們念了後，就能治好孩子的夜哭症。此俗至今流行。

下　神

俗稱「跳大神」，巫術習俗，流行於東阿縣個別農村。多由神婆巫漢進行，凡有神靈附體，或狐仙、蛇仙（民間稱之為「精靈」），還有許多神仙，不一而足。下神時，神婆巫漢當場作法，首先燒三炷香，磕頭禱告幾句後，便手舞足蹈，口中念念有詞，自稱是××大仙、××老母下凡，若主家詢問病情，他（她）則告知你病因，是得罪了那家神靈，是鬼怪纏身，還是陰陽宅不利；若是詢問被盜，則告訴你賊所在的方位，是個什麼樣的「賊」等；有的還配以「神藥」、「神水」，讓病人服用，俗稱「打茶」。有的披髮仗劍，踏罡步鬥為你捉妖。此俗在民間仍有流行。

符　籙

巫術習俗，流行於東阿一帶。符籙是咒語的文字形式，多在黃裱紙上用朱砂等書寫，有的符文字體十分難寫，甚至變成圖畫，民間稱之為畫符。符文的內容形式多帶「勒令」形式，常見並通行的有：「太上老君如律令」、「勒令」、「敕令」等。符籙在民間有張貼的，有懸掛的，也有將其燒成灰用水沖服的，有的甚至直接寫到人身上或器物上。常見的符是穀雨禁喝符。即於穀雨節那天用朱砂在黃裱紙上寫道：「穀雨三月中，蛇蠍永不生，太上老君如律令」等字樣。也有的畫蠍子圖

樣被「針」字的一豎刺著脊樑或腹部。有的小孩夜間哭鬧不止，家人常常在街上貼一張紙符，上寫「天皇皇，地皇皇，我家有個夜哭郎，過往的君子念三遍，一覺睡到大天亮（或一覺睡到出太陽）」。也有的人夜間做了惡夢，早晨起來寫一道符破解，上寫道：「夜夢不祥，貼在西牆，太陽一出，化為吉祥」。現在有些地方還流行。

撞　客

　　巫術習俗，流行於東阿縣、聊城一帶。撞客就是人被鬼神附體而發生的種種疾病，也多疑為已死去的親人作祟，假借其體顯示靈驗。有了撞客，家裏大人（多為婦女）就用一枚制錢，在「患」者身上來回劃拉幾下，豎立在較平的桌面上，邊豎立邊唸叨，詢問是誰，若詢問准了，制錢則站立不倒。家人就趕快為其燒上一些紙錢，點上香，送到村外大路口。這樣就把撞客送走了，這種習俗至今還在農村流行。

飲食禁忌

　　禁忌習俗，流行於東阿縣、聊城市一帶。吃飯時忌敲飯碗，誰敲飯碗就讓誰沒飯吃，以後得受窮或者討飯當乞丐。在集體場合吃飯時用筷子敲碗是罵炊事員。待客的宴席上丸子不能為最後一個菜，如上丸子就是攆客人走，俗稱「滾蛋丸子」。喜慶宴席一般忌上狗肉，俗話說：「狗肉上不了席」。到別人家做客吃飯時，食魚忌翻個，俗稱「客不翻餘」。沿黃河、運河一帶在吃魚時忌說「翻」會導致翻船。在宴席上忌吃雞頭，吃雞頭是對主家或長輩的不尊敬。吃醋時忌說吃醋，應

說「忌諱」，說吃醋有罵人或恥笑人的意思。晚輩給長輩或客人斟酒漫茶時，一定要「酒要滿，茶要淺」，否則謂之不懂禮貌。倒水的茶壺嘴忌對著客人，說這樣不順心，客人不滿意。沒脫奶牙的小孩忌吃葫蘆種，否則脫牙後要長包齒牙。小孩的奶牙脫掉後忌亂扔，下牙掉了扔到屋頂上，上牙掉了要扔在陰溝裏（即下水道）。禁止小孩吃沒有成熟的小棗，說吃了要長癩子，非要吃時，必須把棗尖掐掉。這些習俗至今仍在廣大農村流行。

衣飾禁忌

禁忌習俗，流行於東阿縣及聊城一帶。婦女的衣服下擺忌有毛邊，因這種形式是喪服形式。衣服的扣子喜單忌雙，有「四六不成材」或「四六不是人」之說。衣服破了或是掉了扣子，忌穿在身上縫補，如必須在身上逢補時，被縫補者口中只要銜一根草就沒事了。據說這樣針不紮人，並有「身上連，萬人嫌」之說。五月裏忌做棉被，說是：「五月裏做棉被孤獨睡」，要死丈夫。正月裏忌拆被，說是「正月裏拆被，一年無處睡」，要受窮一年。這些習俗在農村仍流行。

居住禁忌

禁忌習俗，流行於東阿縣一帶。五月裏忌蓋房，說是「五月裏蓋屋，十人九禿」。據說五月是惡月，不僅不能蓋屋，也不能曬席，否則家裏要死人。住房忌面對小胡同，小胡同被人們稱之為「箭道」，否則會射傷其家人。住房忌布局失調，如大門建在南牆之中為「水火相剋」；如街門或南屋門正對北屋

窗時，謂之「門對窗，人遭殃；窗對門，必傷人」。忌前鄰的房子比後面的高，這樣家運將被壓低。舊時蓋房忌留後窗，特別禁忌自己的後窗正對後鄰正房門。如果前鄰的後窗對著自己的院子，就要在前鄰的後窗戶跟前砌一道牆，堵住窗戶，而前後鄰之間則心照不宣，你開窗我砌牆互不干涉。這些習俗至今在農村流行。

職業禁忌

　　禁忌習俗，流行於聊城一帶。乘船過河時，忌說「翻」。帶孝的人和產婦忌進蠶室，蠶糞稱蠶沙，忌說蠶屎，因「屎」與「死」同音。跑生意的人忌在早晨碰見兔子，見了兔子全天將一事無成。做生意的忌坐門檻、坐櫃檯、忌摔算盤、忌摔帳簿，還忌坐錢櫃子。店鋪掃地時一般忌向外掃，直接向外掃地，將把財氣掃走，怕財水外流。清明節時，教書先生、上學的學生忌看書寫字，否則就會「清瞎眼」（即瞎眼的意思）。打鐵的忌說臉黑，即是真黑，也要說「紅」。這些風俗近些年大多不興，有些仍在流行。

婦女禁忌

　　禁忌習俗，流行於陽穀一帶。舊時為新娘做嫁衣或迎新娘時忌用喪偶婦女，認為不吉利。孕婦忌食兔肉，以為食後生下的孩子會長兔唇。孕婦忌近死屍。造新房鋪地基時、為死者選塋地時，忌婦女近前，認為不吉利。夏秋揚場時禁婦女從場間走過，忌外人估計產量。另外，忌在娘家生育，忌在下午探望病人，問候病篤之人，忌言「好了」，俗以為「大好」即死亡

之諱稱。老人辭世，忌說「死」，須諱之以「老了」、「不在了」等語。至今農村仍流行忌諱之俗。

物　兆

亦稱預兆，民間禁忌習俗，流行於東阿縣一帶。即以實物、動物等兆吉凶，若貓頭鷹（俗稱「夜貓子」）在誰家周圍叫，就預兆這家要出事。民間流傳：「夜貓子叫，事來到，夜貓子笑，來弔孝」、「夜貓子進宅，無事不來」。若家有喜鵲叫，是好兆頭，說是「喜鵲叫，喜來到」。也有的說：「早報喜，晚報憂，不晌不午報冤仇」。若早晨出門遇見兔子在前面橫穿而過，預兆本人這一天一定不吉利。若是家中水缸內豎著一根草，預兆家中有客人來，俗話說：「缸豎草，必來小」。若吃飯時掉筷子，預示要來人；眼皮跳時便說：「左跳財，右跳災」。這些風俗至今仍在民間流行。

塑神抓胎

禁忌習俗，流行於聊城市一帶。早年間，聊城一帶民間神廟建築很多，泥塑的神像，年深日久也易損壞，加上香火薰染，面容黯然無光。肢殘顏毀，必須重修寺廟中的神像。塑神像的匠人在塑造神像的面部時，常常注視周圍人們的面部神態，以摹仿容貌，神像塑好後，這尊神像就成了容貌相似者的化身，人們稱之為「抓胎」。凡是塑神像的地方，人們都害怕自己的孩子被「抓胎」，絕不叫孩子去圍觀，一旦孩子被「抓胎」，這孩子就沒魂了。

躱　燈

　　禁忌習俗，流行於聊城一帶。閨女出嫁後，不能在娘家過正月十五。相傳，「十五看過娘家的燈，回來必定死公公」。莘縣還流行正月十六嫁出去的姑娘必須回娘家，又叫走百病，民間流行著「過十五不過十六，過了十六死了婆婆掛著她舅」。

凶　宅

　　禁忌習俗，流行於聊城一帶。民間把吊死過人的房子或庭院視為「凶宅」或「凶房」。相傳，吊死鬼的魂既不能升天堂，也不能下地獄，也不能像正常鬼魂那樣轉世超生，必須找到替死鬼才能到閻王那裏報到轉世，否則就是遊魂。吊死人的鬼魂只能守在吊死人的地方尋找替死鬼，人們便不敢在裏面居住，特別是少男少女們更不敢近前，怕被吊死鬼捉住。淹死過人的水坑叫凶坑，人們不敢去坑裏洗澡。吊死過人的樹為凶樹，人們不敢近前，只好將此樹砍掉。此俗在農村仍有流行。

前不栽桑後不種柳

　　禁忌習俗，流行於莘縣一帶。桑、柳與喪、流字諧音，喪與死人相連，流與風水相連，流就是財氣流失的意思。二是人死後的哭喪棒多用桑柳所製，庭院中忌栽植這兩種樹。栽植對主人不吉利，尤其忌諱前桑後柳。至今農家庭院不植桑種柳。

二十、民間工藝

羽毛扇

　　民間工藝，流行於聊城蔣官屯鄉隋莊一帶。羽毛扇式樣分為桃型、佛手、鍬頭型等，用料為鵝翎、雁翎或雕翎。桃尖型雁翎扇選材考究，需用一隻整雁的羽翎做成，否則，紋理不順。佛手羽毛扇裝有把牌，上飾圖案，並鑲有鏡片，在扇面前心還栽有裝飾性的雁絨或雕絨。直把鍬頭扇，主要用雕翎做成，十分貴重。其中節白羽毛扇取以幼齡雛雕尾翎，扇面上部黑亮，下部雪白，使用時涼風習習。腰玉採用二齡雕羽翎，扇面上部和下部呈黑色或灰色，中間為白色帶狀羽絨間隔，高雅別致。節白和腰玉毛扇堪稱扇中珍品。

雞毛撢子

　　民間工藝，流行於聊城一帶。相傳，清朝光緒間年，聊城蔣官屯鄉隋莊有一名技師，背著自己製作的雞毛撢子去邯鄲賣，被出巡此地的光緒皇帝看中，將 200 餘把撢子全部買入宮廷使用。頓時，隋莊雞毛撢子也名聲大噪。隋莊雞毛撢子可分為行撢和甩子頭兩大類，每類又有若干品種。胯頭行撢選用公雞大腿上部尖毛，排列有致。農村閨女出嫁，一般都必須送兩把高杆胯頭行撢，撢頭長 2.6 尺，插入新房條几兩端撢瓶內，

既實用，又美觀。園毛行撣為公雞尾根部羽毛，細軟，呈魚鱗狀，有棕色、黑色、蘆色等。棕色行撣採用公雞脖子毛做成，毛細長，以藤子杆為佳，稍一抖動，撣毛就如行雲流水，舒展自然。甩子頭又稱揚撣，採用公雞尾部大飄翎，以黑色為上品。過去貨郎擔一端，往往插一把揚撣，在陽光下呈現五顏六色的飄翎迎風飛舞，引人注目。撣子製作大致以撿毛、排毛、上杆、灌膠幾個工序，先把毛按色澤、部位撿開，捆成把，洗淨晾乾後，用絲線串在一起。熟練的藝人串毛時幾乎不用眼看。串毛後，用細繩纏紮上杆，邊纏邊灌膠，既耐用又不掉毛。隋莊幾乎家家戶戶從事雞毛撣子的製作，農閒時每人每日可產十餘把，是一個遠近聞名的雞毛撣生產專業村，故又名雞毛隋。撣子除本省銷售外，還遠銷東北三省、河北、京津地區及陝西、甘肅等地。

聊城毛筆

民間工藝，聊城毛筆製作歷史悠久，頗具規模。明朝嘉靖年間，聊城縣境內就有製筆工匠千餘人。至清朝乾隆、道光年間，從業者仍不下八九百人，在當時全國製筆業中占有重要位置。清末，製筆作坊還有 30 多家，其中如「玉山堂」、「德潤齋」等較大作坊，職工可達百人，全縣毛筆年產量 300 萬支。民國後，製筆業日漸凋零，較大作坊相繼關閉，工人總數不足 200 人，年產量約 50 萬支。1954 年，個體製筆業者組成聊城文具社，選用蘇杭等地優質羊毛、兔毛、黃狼尾和礬蔴生產「極品精選長鋒大楷」、「極品精製中楷羊毫」和「民主」、「和平」、「前進」、「勝利」等大、中、小楷名牌產

品，被山東省外貿部門定名為「狼毫卷筆」，多次出口日本、香港和南洋等地區。聊城毛筆品類不下 200 餘種，有用六寸長豬鬃、羊鬚精製而成的抓筆，可寫三尺大字，也有寫豆粒、蠅頭小字的小楷筆。用料可分為「羊毫」、「狼毫」、「兼毫」、「七紫三羊」等等。毛筆製作基本沿用傳統的「韋誕法」，分為「水盆」和「乾卓」。筆鋒用爇蔴做成筆胎，外圍羊毛、兔毛或黃狼尾附貼，稱蓋毛。毛鋒完成後，還要裝鋒、貫筆刻字、鑲管、封色，細分須經 72 道工序方為成品。聊城毛筆外觀美觀，剛柔相濟，富有彈性，吸墨性強。書寫時縱橫揮折，挺拔有力，有「尖、齊、圓、健」四德，是書畫佳品。

蛐子葫蘆

民間工藝，流行於聊城閻寺、梁水鎮一帶。民國年間，聊城閻寺、梁水鎮一帶，農民喜歡在房前屋後種二三分地的葫蘆，經過雕刻加工，做成飼養蛐子的專用器具，由客商販運至浙江、雲南、江西、貴州、陝西、山西等地銷售。較有名的雕刻工匠有郎莊的郎發敏、陳莊的陳金語和大楊莊的楊印台等。他們精心製作的一隻葫蘆能賣到一塊大洋。蛐子葫蘆大體可分為三類：一細葫蘆，選料考究，刻工精細，圖案有「八仙圖」、「二龍戲珠」、「四大名旦」等；二細葫蘆，主要刻有花、馬、蟲、魚等；普通花葫蘆，用洋紅將葫蘆著色後，簡單刻出幾何圖案，正中開個梅花蓋即為成品。蛐子葫蘆地方色彩濃厚，深受人民大眾的歡迎。1972 年，聊城工藝美術廠設計人員將這一民間工藝大膽創新，對葫蘆進行切割、組合，由原來的平面圖案轉向立體造形，創出一批新產品。如「仿故宮

燈」，是將圓形葫蘆著色後，繪一株傲骨的雪松和幾片飄灑的雪花做成「燈」，再以黃楊木料雕刻成一隻展翅的鳳凰銜燈欲飛，人工造形與葫蘆的天然形態混然一體，給人以古樸高雅的藝術享受。另一類為案頭擺設品，將葫蘆經過理、露出象牙色皮層，透刻後輕施淡色，配以鏤空花蓋和描金裝飾花邊，使整個擺件金碧輝煌，雍容大方。題材有「西廂記」、「孫悟空三打白骨精」等。再一類為蛐子雕刻品，由一隻黃綠色葫蘆和上面趴著的兩隻綠色的蛐子組成。其中一隻蛐子後腿緊繃，隨時準備一躍而起，大有一觸即發之勢。另一隻彷彿剛從葫蘆中爬出，正在左顧右盼地發出「蟈蟈」的叫聲。葫蘆蛐子相映成趣，富有濃郁的田園風味和鄉土生活氣息。葫蘆雕刻品格調新穎，雅俗共賞。在 1979 年的「山東省工藝美術設計創新評比展覽會」和 1981 年「山東省民間工藝美術彙報觀摩展覽」中多次獲獎。

牛筋腰帶

民間工藝，流行於聊城東關一帶。相傳，清宣統年間，一王姓客籍人落戶在聊城東關以南運河東岸營園子街，以編織拂塵（俗稱蠅抽子）為業。在拂塵上部，還以絲線結成銅錢形、菱形、魚鱗形的護罩，十分美觀。後來有人就採用這種方法，編織成透花腰帶。腰帶的一端編有銅絲排鉤，紮腰時一扣即成，十分方便。特別是夏季使用，更感涼爽舒適，深受人們喜愛。1937 年前後，產品行銷天津、上海等大城市，並一度為日商轉銷日本。1957 年，成立聊城文具腰帶生產合作社，同年銷往日本 500 打。1959 年被國家定為正式產品，取名「古樓牌

菊花牛筋腰帶」。式樣有「古銅錢」、「單、雙魚鱗」、「菊花」等。生產過程是以黃牛皮切割成繩坯，由廠方提供原料，分散加工，統一驗收，經過整形、噴漆、包裝後銷售。1970年後，社會加工戶多達 2000 餘家，1979 年產量達 90 萬餘條。牛筋腰帶堅實硬挺，透氣性好，圖案簡潔明快，舒展大方，配以黑色或深棕色的色調，給人一種古樸典雅的美感。牛筋腰帶暢銷全國各地，並遠銷日本、新加坡、緬甸、菲律賓、馬來西亞、印度等國際市場。

印花土布

　　民間工藝，流行於東阿縣一帶。始於宋朝，當時的印染作坊用石灰、豆粉，用水調漿，印製白布，晾開後再用藍靛全染。可製成門簾、包袱、被面、褥面、花布等，其布料大都為土織布機織出的粗布（即土布）。圖案造型有花草、蟲魚、鳥獸等，淡雅樸素，工藝簡單。1949 年以前，民間藝人因生活所迫，常常把印染土布和磨剪搶刀兼營，去外地謀生。1949 年後，做為一項家庭副業。根據東阿縣黃屯鄉曲集村調查，1950年～1953 年間，外出印製土花布的只有 13 人，有人至今還保存著印板，但印花土布已不多見。

紙　紮

　　又叫「紮彩」，民間工藝，流行於東阿縣、臨清市一帶。人死以後，每到祭日，子女要為親人紮一些紙人、紙馬、紙箱、搖錢樹、聚寶盆、車轎、僕夫、鳥獸、房屋、樓堂殿宇等，以寄託哀思。這樣以來，民間就出現了許多「紮彩匠」，

專門紮製一些喪事用品。1949 年前比較盛行，「文化大革命」中被當做封建迷信而取締，因此一度絕跡，近些年又有所流行，並且出現紙紮的電視機、電冰箱、自行車、小轎車、電風扇等作為祭祀。城鎮機關則一律紮製花圈。

年　畫

　　民間工藝，流行於東阿、陽穀、聊城一帶。為春節期間張貼的印刷品。內容有「門神畫」、「財神畫」、「天地畫」、「灶君畫」、「鍾馗畫」、「娃娃畫」等。東阿縣的年畫由張秋興起。張秋原為東阿重鎮（1949 年後劃歸陽穀縣），靠金堤，傍運河，是南北咽喉，商賈雲集的地方，舊時有「南有蘇杭，北有臨（清）張（秋）」之說。年畫由元朝時山西商人傳入，亦受到楊柳青年年畫的影響。其題裁及包含的題材大致有以下幾種：1、魁頭，又名判頭，分大判、二判兩種，上畫魁星，貼大門上端門頭上。2、門神，分大裁、二裁、三裁三種（二裁、三裁又稱二鞭、三鞭，因取秦瓊、尉遲敬德執鞭取名）。其題材有神荼、鬱壘（俗名「佛錘」，也稱「朔錘」），秦瓊、尉遲敬德（魚鱗甲），王君可（大朔刀）、趙公明與燃燈道人（大下山、大黑虎），馬超、馬岱（對金瓜）、趙雲救阿斗（長阪坡）、火燒楊滾（泗水關）、楊延景、楊延昭（虎皮坐）、寇准（天官、加官進花）、魁星點狀元、三星、五子等。3、單座（單扇門神）：秦瓊、尉遲敬德（抱鞭）、搶令等。4、娃娃畫（房門畫）：花藍娃娃、釣魚娃娃、采藕娃娃、打貓娃娃、劉海戲金蟾、獨占鰲頭等。5、扇面畫，有取材於列國故事、三國演義、戲曲故事等。6、畫對子（外加一橫批）：有全家福花對子、八仙畫對子、五彩花對子等。7、

月餅籤：是包在月餅上的標籤，上畫嫦娥玉兔。8、轎車圍子：嫁娶時貼在大車兩側，畫有麒麟送子、喜字圖案等。9、紙紮畫，用於喪事紙紮，有八仙人物等。10、神禡：有鳳輦（泰山老奶奶，上泰山進香用）、觀音、灶禡、天地神、河神禡（龍王）、山神、土地等。1947 年後，冀魯豫解放區對張秋年畫非常重視，並製作了一批反映解放戰爭和解放區軍民生活的新木版年畫，在解放區推廣。「文化大革命」中「源茂永」畫店的數百套原版被焚毀，現僅存 13 種，由山東省文聯收藏。

木版年畫

　　民間工藝，流行於陽穀縣張秋鎮一帶。張秋鎮木版年畫興起於清康熙年間，盛行於清末及民國初年。其工藝自晉南傳入，雕版藝人多聘自冠縣、堂邑一帶。產品主要銷往河南、河北、山西及東北各省。畫面有 300 多個品種，可分為門神、房門畫、扇面畫、月餅籤、轎子圍子、紙紮畫、神禡畫等十幾個大類，多取材於古代神話、民間傳說和戲曲故事，也有反映人民生產及生活的內容。張秋鎮年畫刻印認真、用料考究、線條明快、色彩顯明，全部用手工套色印刷，常用顏色有大紅、丹紅、菲紅、亮青、大綠、墨綠、寶藍等，配色合理，裝飾性強，為木版年畫中的上品。三十年代以後，隨現代印刷業的興起而逐漸衰落。1966 年「文革」開始後被徹底禁絕。1980年，將倖存的 10 多種殘版由山東省文聯徵集保存。

陽穀哨

　　民間工藝，陽穀縣四棚鄉大碾郭村人李保正創製，形似鴨

蛋，上有八孔，可發出七個音節，同古樂器塤有異曲同工之妙。演奏時用嘴控制氣流，其聲清越婉轉，可用以吹奏多種地方小調和歌曲，並可為多種地方戲曲伴奏。上世紀五十年代初經著名音樂家查阜西、楊大均、丁西林介紹，李保正到中央美術學院陶瓷系附屬工廠學習，並在有關專家指導下對「陽穀哨」進行了改進。1953 年 9 月，經改進的瓷質「陽穀哨」在全國第二次「文代會」上發售，由此流傳全國各地。1957 年李保正返鄉，其工藝更臻完善流傳至今。

史莊圈椅

民間工藝，產於冠縣史莊鄉史莊村。屬祖傳手工藝品，現已傳至第 8 代，有 200 多年的歷史。圈椅選料嚴格，一般用柳木、桑木更佳；製作時按木質紋路，根據熱脹冷縮的原理，經過火烤、水煮、太陽曬，反復加溫晾曬，適時握製而成。圈和椅腿取料後先用水浸泡數日，再用水煮，然後握製成型放在陽光下晾曬，其餘用料也要經過火烤烘乾。史莊圈椅的主要特點：圈扁適當，美觀大方；重心適中，坐臥舒適；卯榫科學，不用鐵鍋，組裝嚴緊，結實耐用。相傳，圈椅上坐二人，然後用牛拉圈椅百丈不散。目前圈椅已由傳人張金得等 400 多人加工製作，年產量 2000 把，產品銷往周圍各縣、市及河北、河南、天津等省。

郎莊臨清麵塑

民間工藝，產於臨清和冠縣郎莊一帶。麵塑題材廣泛，內容豐富，有「哪吒鬧海」、「趙匡胤借頭」、「舞獅」，以及

核桃麵塑　工藝師／陶玉潔　攝影／陶玉潔

老虎、金魚、青蛙、瓜果、花籃等。總之，天上飛的，地上跑的，樣樣都能製作麵塑。麵塑用精粉發酵，將發好的麵用剪刀、梳子等工具捏塑出各種題材人物、飛禽走獸，然後蒸熟、上膠、繪色、晾乾即成。麵塑的造型簡煉誇張，麵塑又為半浮雕式，經過蒸熟「發胖」，顯現出一種渾圓敦厚的造型美。麵塑用色大膽，常塗以大塊麵的紅、黃、綠等原色，間以多變的線條，再用少量的鈷藍和白粉點綴成花骨朵和小梅花，最後用墨綠勾畫出眉眼和髮色，造成色相度的顯明對比，使麵塑色彩更加活潑跳動，絢麗多彩。

二十一、民間文學

人物傳說

　　民間文學，流行於東阿縣。曹子建的傳說：《魚山聞梵》、《羊茂台》、《賑災放糧》、《曹植和漁姑的故事》、《曹植捉賊》、《漁姑廟的傳說》、《曹植醉》、《莫忘先拜曹子建》。于慎行的傳說：《為夫人圓詩》、《于閣老請客》、《于慎行六歲中秀才》、《奇才對詩》等，還有明兵部尚書張本的傳說，明朝戶部員外郎趙德和的傳說等。

地名傳說

　　民間文學，流行於東阿縣。如銅城的來歷，相傳北宋末年，梁山好漢「青面獸」楊志在此地打敗了入侵的金國大將軍答罕，阻止住金兀術南侵的部隊，故謂之銅城，有攻不破的堡壘之意。再一個是牛角店的來歷，據說早年間，苔瓜趙村發現了一頭金牛，需用生長 100 天的苔瓜才能打住這頭金牛。但捉牛人心切，在 99 天上摘下了苔瓜，追打金牛，但只打掉了一隻牛角，讓金牛跑掉了。打掉牛角的這個地方，後人稱之為「牛角店」。廣糧門村的這個地方的來歷，相傳在明正統年間，發生特大災荒，餓殍遍野，赤地千里，村民趙得和捐豆穀 7500 石，交官府賑濟一州五縣的災民，後來皇帝得知此事，

嘉封他為戶部員外郎，並建「廣糧門」牌坊一座。廣糧門也由此得名。

風物傳說

　　民間故事，流行於東阿縣。阿膠的傳說，說是山西的小毛驢，吃了獅耳山上的草，飲了狼溪河裏的水，在小泰山打三個滾，剝下皮來，再在洪花池中浸泡七七四十九天，用阿井的水，燒桑木乾柴，金鍋熬，銀鏟拌，這樣才能熬出名貴中藥「阿膠」。禿尾巴老李的傳說，據說，禿尾巴老李的老家在東阿縣大李鄉李車店村。出生時被父親砍掉尾巴，逃到東北黑龍江居住。它在東阿的傳說比較多，如《禿尾巴老李回娘家》、《「巴子」坑的傳說》、《禿尾巴李老怕菜刀》等。另外還有《節孝坊建築軼事》、《拳不打銅城》等民間傳說。

伊尹耕莘

　　民間傳說，流行於莘縣一帶，很古很古的時候，這裏有一個小國，稱有莘國，有莘國有一個小村子，叫有莘里，有莘里有位姑娘叫趙淑女，這姑娘年方二十，聰明賢淑，父母嚴教，從不出閨門。一天夜裏，淑女看見斗大一塊紅光從天而降，骨碌碌滾入閨房，漸漸變小，最後化作一粒閃閃發光的珍珠。姑娘撿起捧在手裏，越看越喜，越看越愛，不由得吞入腹中，姑娘大驚，醒來卻是南柯一夢。誰知，從此這姑娘便身懷有孕，十月有足，生了個白白胖胖的男孩。姑娘未婚生子，辱沒了門庭，被父親趕出家門。淑女懷抱孩兒，昏沉沉來到一條大河邊，只見波濤翻滾，水急勢猛，她自覺心力難支，脫下布衫，

裹住孩子，放進一個空桑洞中，然後抱著空桑痛哭一場，跳入河中自盡了。

　　說來這孩子命大，被聞名鄉里的「善人」伊員外收養，並取名伊尹。暑去寒來，轉眼十八年過去了，伊尹出息成一個眉清目秀的小夥子。他天資聰穎，才智過人，讀書過目成誦，並能察風雲辨天時，望氣色觀地理，且有治國安邦的宏圖大略，伊員外愛如掌上明珠。後來，伊尹被有莘國王發現，把他推薦給天子夏桀。夏桀是一個荒淫暴虐的昏君，聽完有莘國王對伊尹的介紹，便哈哈大笑著對伊尹說：「如果你願意留在我的身邊，就給我這兩個愛妃唱歌取樂吧！」引得殿堂上下一片哄笑。伊尹是胸懷大志的偉男子，哪受得了這般奚落，一氣之下，拂袖而去，從此，伊尹就在有莘里之野種穀植桑，他白天荷鋤下地，躬身勞作，夜晚則潛心研究天下學問，治國方略，並常為鄉親們排憂解難，成了遠近聞名的一大賢人。

　　後來，伊尹輔佐成湯滅夏立商，成為開國元勳、三代賢相。這就是伊尹耕莘的傳說。

菜瓜砸金牛

　　民間傳說，流行於莘縣。莘縣朝城西南角有個大窪，方圓好幾里大，稱孟窪。相傳這裏是一個風水寶地。

　　古時候，孟窪裏常年有水，水裏有個大金牛。一天，有一位姓黃名聰的會識寶的「江南蠻子」，路過朝城，他搭眼一看，十里內外天高氣爽，朝城四周霧氣騰騰，知道這兒有真寶，就住下了。半夜時分，奇異的牛叫聲不止，黃聰順聲找去，呵！只見孟窪裏有頭大金牛，金毛金角，金身子金頭，可

就是在水裏不出來，急得他圍著孟窪直轉圈。這一天轉到西北角的楊莊大瓜園，園裏種的是清一色的大菜瓜。這時正是六月的光景，菜瓜接近成熟。他仔細觀察，只見一個瓜有碗口粗細，足有三尺多長，珠光閃閃，香氣撲鼻，真是一個寶瓜。心想，寶物都得寶物降，要想逮住大金牛，非得這寶瓜不可！於是急忙向瓜棚走去。

黃聰走近瓜棚門口高聲喊道：「看瓜人可在！」看瓜女楊秀英應聲出來，問：「你是來買瓜的？」「正是。」「你要哪個隨便挑吧！」黃聰用手一指要買的那個瓜，秀英隨即要去摘，黃聰急忙勸阻說：「此瓜尚嫩，非百天不可。」秀英一聽此話，知道內裏定有緣故，就一再刁難他，黃聰無奈，就把用寶瓜降金牛的事道了明白，並以好言相許，若得了金牛，定和楊秀英家共用榮華富貴，並留下白銀五十兩，離開了瓜地。

楊秀英辛辛苦苦看守寶瓜九十九天，她怕破了孟窪的風水，遭人唾罵，心一橫，把寶瓜摘下來。來日，黃聰來到瓜地，見瓜已摘下，以為是剛摘的，二話沒說，扔下一百兩銀子把瓜拿走了。當天夜晚，更深人靜，他偷偷來到孟窪，等候金牛的出現。一會兒，只叫「哞」的一聲，大金牛慢慢的從水裏走上岸來。只見這金牛二尺多高，三尺多長，統身金光閃灼，黃聰看準時機，一躍而起，運足全身力氣，舉起寶瓜照準牛頭砸去，只聽「咯嚓」一聲巨響，金牛不見了，只砸下個金牛角。原因就是寶瓜少長了一天。黃聰非常懊悔，拿著金牛角走了。從那以後，孟窪的水沒了，這一帶的風水也破了。

莘縣塔的傳說

　　民間故事，流行於莘縣一帶。過去，莘縣城內有一座 13 層，高 45 米的磚塔，塔基占地盈畝，甚是宏偉壯觀。相傳，在晴朗的天氣，距城 20 餘里就能看到塔尖。人們進莘縣城或趕集、或訪友、或辦事，大都瞻仰一番古塔。若能登塔遠眺，則眼界頓開，心曠神怡。

　　據說張莊有個張老漢，50 多歲了還沒到過城裏。有一天，他要去看家喻戶曉的莘縣塔。這天，張老漢早早起來，直奔縣城。離城十幾里路時，就望到了塔尖，他興致倍增，加快腳步進了城。來到塔下，仰頭一望，不由得倒吸一口涼氣。雁塔層簷疊起，直插雲天。天上浮雲流動，塔尖好像在慢慢地倒下來，嚇得他心裏砰砰直跳，趕忙閉上眼睛。待會兒睜眼再看，塔尖仍然在雲間飄動。他又看了看塔的四周，除西北角有片空地，其他幾個方向都是房屋。他不禁自言自語道：「這塔要歪了，得砸死不少人呀！」旁邊有一個人順口接道：「你沒聽說過嗎？塔塌砸萬家！」

　　善良的張老漢，一聽這話，陡添一塊心病，二話沒說，扭頭就回家了。回家後就一病不起，閉上眼睛便看見莘縣塔從雲彩眼裏倒下來，把周圍房屋砸成一片廢墟。時常夢裏驚醒，滿身冷汗淋淋。家人多方求醫，均不見好轉。鄰村一個並不出名的醫生經過瞭解，弄清了張老漢的病因，心生一計，便主動登門看病。進了門不問病情，不診脈象，張口就說：「你知道了嗎？莘縣的塔塌了。」張老漢忽地從床上折起身來著急地問：「往哪邊倒的？」「西北。」醫生說。張老漢心裏一塊石頭落

了地，病勢一天去了八九分。

其實，所謂「塔倒砸萬家」的說法乃是一句戲言，因為塔旁有一萬姓住戶，如果塔塌，當然要砸萬家了。醫生說「塔塌了」也是戲言，是「心病還需心藥醫」的辦法。

鄭板橋攔截螞蚱王

民間故事，流行於莘縣一帶。相傳，清乾隆年間，著名書畫家鄭板橋曾任范縣（今莘縣古城鎮一帶）縣令。一年秋天，鄰里朝城（今莘縣朝城）發生了蝗災，成千上萬的蚱蜢遮天蔽日，飛到哪裏，吃到哪裏，莊稼樹木，一掃而光。蝗災漫延，直接逼臨范縣。范縣百姓人人恐慌，個個不安，鄭板橋卻泰然自若。一日晚上，鄭板橋升堂理事，他令三班衙役手持自己的寶劍，前往范朝邊界，嚴守要道，如遇一男一女，男著灰布坎肩，女著蘭布坎肩者，務必全力攔截，切莫放其入境，違者格殺勿論。眾人在捕頭帶領下，手持燈籠、火把，把住了各交通要道。五更時分，從朝城方向來了兩個騎毛驢的男女，男穿灰布坎肩，女著蘭布坎肩。眾人築成一道人牆，攔住了二人的去路。二人苦苦哀求，說是家中孩子多，無米下鍋，生活艱難，要去范縣謀個出路。班頭便亮出鄭板橋的寶劍，說道：「鄭大老爺有令，不准二位踏入范縣半步，否則立斬不赦。」那二人一聽說是鄭板橋在范縣任縣令，急忙掉轉驢頭就跑，眾衙役揮鞭抽驢，只聽嗡嗡兩聲，那一男一女不見了。只見兩隻老鷹般大小的螞蚱一灰一蘭，慌慌張張向北飛去。這樣，范縣就因此免了一場蝗災。

石燕井的傳說

民間故事，流行於莘縣一帶，不知在何朝何代，莘縣朝城出了一位名聞遐邇的老中醫，他精通四診八綱，諳熟辨證施治，確能手到病除，且醫德高尚，人送外號「神仙一把抓」。這位老中醫有一女兒，名石燕，生得眉清目秀，體態婀娜、文靜嫻淑、俊美異常，且天資聰穎，睿智過人，插花刺繡樣樣精通，經史子集過目成誦，對父親的藥書醫案，也瞭若指掌。老中醫視女兒如掌上明珠，遠近鄉鄰也對她甚是仰慕。

當地有個複姓萬俟的大戶人家，萬俟家有一獨生子萬俟懷，生得彎腰駝背，尖嘴猴腮，十分醜陋，卻好色如命。聽說石燕姑娘才高貌美，早就垂涎三尺。可石燕姑娘平時只在家中學做女紅、研讀醫書，從不出大門一步。萬俟懷也無從下手。

有一年，朝城一帶發生瘟疫，病人盈門。萬俟懷趁機派家丁來請老中醫，說是其母病重，求先生過府診治。哪知到了萬俟家中，萬俟懷卻立逼老中醫允婚，要娶石燕為妻。老中醫堅辭不允，萬俟懷惱羞成怒，命家丁把老中醫毒打一頓，趕出家門。老人掙扎著走到寧國寺前的一口古井旁時，已是奄奄待斃。石燕聞訊趕來，伏體痛哭。老中醫囑咐要石燕繼承祖業，為百姓消災袪病，說罷氣絕身亡。這時萬俟懷率家丁趕到，要強擄石燕進府成婚。面對如狼似虎的家丁，石燕欲鬥無力，又不甘受辱，含恨一頭扎進古井中。

第二天清早，大霧瀰漫，鄉親們含淚掩埋了老中醫，又去井中打撈石燕的屍體，結果始終打撈不到。鄉親們正悲泣間，忽然一股霧氣從井中噴出，霧氣中夾雜著點點硬物，落地有

聲。大家拾起來一看，原來是一些光潔如玉、狀似雛燕的小石頭。說來奇怪，只要喝了用石燕泡過的水，無論什麼病即可痊癒。人們感謝石燕姑娘死後仍為鄉親造福，便把這眼井叫作「石燕井」。

後來，萬俟家想獨得石燕，只要是大霧天的早晨就派家丁把井圍住，不准別人靠近。從此，這石燕井就不再往外飛燕了。

附：據《朝城縣誌》載：「石燕井，在寧國寺前，泉下有石多竅，遇陰雨則石飛出，類燕形，可和藥，故名。久塞。」

李早（棗）的故事

民間事故，流行於莘縣一帶。相傳在很久以前，莘縣馬西一帶有個聰明賢德的姑娘，因出生於早晨，取名李早。李早成年後，嫁給了一個脾氣暴躁的年輕木匠。木匠常年外出幹活，李早在家既要耕地，又要照料又聾、又啞、又瞎的婆婆，十分辛苦。但她終日勞作，毫無怨言。有一年大旱，大部分莊稼絕產，李早家只收了一點穀子。李早把穀子碾成米，讓婆婆吃米，自己以糠拌菜充飢。婆婆雖吃得好些，終因有病在身，一直十分虛弱。李早雖吃得不好，但因年輕體壯，再加經常勞動，那面色倒顯得黑裏透紅。臘月初八這天，木匠從外地回來，一進門看到老娘和妻子臉色不一樣，以為母親受了虐待，便抓住妻子又打又罵。不管李早如何解釋，丈夫都不肯相信。李早屈辱交加，哭著對丈夫說：「如果蒼天有眼，讓我死了變成樹，孝順婆婆便結紅果，虐待婆婆便結黑果！」話音剛落，李早果然變成了一棵樹。因死時手中正拿著針做衣服，所以那

樹上便長出了許多尖刺。第二年，這樹上結了不少小果子，初時青，後來紅，食之甘甜。木匠見狀知道錯怪了妻子，但後悔已晚。因這種樹是李早變的，人們便稱之為「早樹」，後來演變成了「棗樹」。棗子那火紅的顏色，象徵著李早的孝心；那滿枝的葛針，記下了李早的辛勞。

大禹鎖蛟井

民間故事，流行於莘縣一帶。據《史記・夏本紀》記載，舜帝命禹治理水患，禹勞心焦思 13 年，三過家門而不入。「開九洲、通九道、破九澤、度九山」，導九河入海，終使水患息蹤。相傳，有一年，正值大禹為治水奔波之際，忽降大雨，水天相連。這時，有一蛟龍飛臨，興風作浪，推波助瀾，使水勢陡增十分。大禹見狀，怒火滿腔，厲聲喝道：「我大禹出生入死治水多年，眼看河道方通，洪水將平，你這妖物又來造弄水患，危害百姓，我豈能容你！」說罷，抱起手中開山巨斧，以泰山壓頂之勢向蛟龍劈去，沒幾個回合，蛟龍遍體鱗傷，力怯被縛。大禹令人用鐵鎖將蛟龍鎖住，投入一口深井裏，又在井旁樹起一根鐵柱，將鐵鏈牢牢扣在鐵柱上。傳說這口井就在觀城東南隅的大坑中。

後來，有位官員路過觀城，想看井中蛟龍是真是假，遂命人役從井中往上提鐵鏈。誰知提了半天，井臺上鐵鏈堆積了一大堆，且帶有斑斑血跡。官員說：「不必再提了。鏈上有血，說明井下有蛟。污血既出，蛟也無再治之理！」轉身帶人役離而去，竟忘了把鐵鏈放回井中。他走後不久，就聽見井下有「呼呼」的響聲，頓時井水噴湧而出，流向街巷。人們驚恐萬

分，這時有位老者急忙命人將鐵鏈扔回井中，井水才慢慢回落。從此後，再也沒人敢拉取井中鐵鏈了。

為使蛟龍永囚井底，永遠不能翻身作惡。老者又會同百姓用一塊極大極厚的石板將井口蓋住，又在石板上立了一大塊石碑。後來人傳說，這眼鎖蛟井叫「海眼泉」，水與海通。當地還盛傳，「倒了碑，砸了罐，淹了九洲十八縣！」

附：據《觀城縣誌》載：乾隆三十一年（西元1766年）初，大風刮倒了石碑，當年夏天發大水，曹州、兗州、東昌皆受災。

相思柳的傳說

民間故事，流傳於莘縣一帶。相傳，很久以前，在莘縣馬頰河邊的一個村子裏，住著一位30多歲的寡婦，帶著女兒盼娃艱難度日。盼娃長到18歲時，出落得十分俊美，和鄰村的阿龍定了親。可是鄰村一官宦的兒子壞水看上了盼娃的容貌，想把盼娃娶為小妾。盼娃不從，便和阿龍逃離家門。壞水帶家丁來搶人，不見了盼娃，便急令家丁四處追尋。不多時便追上了阿龍和盼娃，後來阿龍被家丁打死。盼娃見阿龍已死，遂即撞死在地。壞水惱羞成怒，指著旁邊的河道說：「南岸埋男，北岸埋女，讓他們死後也不能到一起！」盼娃和阿龍被分別埋葬以後不久，在他們的墳頭上長出了兩棵綠柳，並逐漸往一起傾斜，最後漸漸連在一起，相偎相依，越長越大，人們稱之稱相思柳。

歇馬店的傳說

　　民間故事，流行於莘縣一帶。相傳西漢末年，漢室後裔劉秀起兵失利，率數百名親兵逃到莘縣姝塚附近的一個村莊，已是人困馬乏，就在村西的龍王廟中歇息下來。時逢夏天，大雨剛過，晚上，廟前水坑裏的蛤蟆十分活躍，哇哇哇，咯咯咯，此起彼伏，叫個不休，這給劉秀沉重的心情增添了幾分煩躁。他走到東邊的水坑旁，一時心血來潮，向坑裏一指，說道：「青蛙呀，若我大事不成，任你叫喚；若我日後還有一帝之命，你就閉口變啞。」東邊的青蛙果然都不叫了。劉秀大喜，士氣也為之大振。臨行時劉秀將這村子更名為歇馬店。不久劉秀稱帝，建東漢，專門派人將該村整修一新，廟裏的香火也更旺了，於是人們又將歇馬廟更名為香廟。至今，香廟村東邊坑裏的青蛙還是寂然無聲，而只有一路之隔的西邊坑裏的青蛙卻依然叫個不停，並且在西邊坑裏叫的青蛙只要爬到東邊坑裏，也變得不會叫了。

琉璃井的傳說

　　民間故事，流行於莘縣一帶。觀城鎮東南七華里，有個300多戶的大村子，名叫古井，原名琉璃井。

　　相傳，古時候，這裏原是一片荒沙地，根本沒有人煙。後來有一戶姓張的人家來這裏開荒種地，時間一長，人越來越多，發生了水荒。張家門前的小土井出水很少，連人的吃水都不能滿足，給人們造成極大的威脅。

　　張家有個女兒，名喚翠玉，年方十六歲，生得聰明伶俐，

才智過人，她不信打不成井。一天夜裏，明月當空，萬籟俱靜，翠玉對月中仙子，虔誠禱告：「民女請您大發慈悲，立顯神靈，只要能使我們有眼永不乾涸的水井，小女情願吃齋念佛，每天夜晚給您跪拜到三更。」從此，翠玉每晚跪拜，終於感動了嫦娥仙子，仙子托夢對翠玉說：「此地乃黃沙之地，欲打水井，非治流沙不可，欲治流沙，就要採雲峰山的 10 根柴荊為柴，然後將柴荊放進土井裏，待夜深人靜，子時過後，方可點燃，待柴荊燃盡，水井即成。」翠玉將夢中見仙子及仙子說的話告訴了父母兄嫂，隻身一人直奔雲峰山。她歷盡艱辛，終於找到了十根柴荊。然後把柴荊放進土井裏，在子時點燃。熊熊大火從土井底下順著井筒往上竄，流沙很快被燒成了又明又亮又堅硬的琉璃，井裏也很快湧出了碧綠的泉水，井水甘冽清甜，爽口提神。大旱之年，其他水井都乾涸了，唯有這眼井，水量不減。

落鳳濱

民間故事，流行於陽穀縣一帶。相傳清朝乾隆年間，魯西一帶大旱，赤地千里，禾稼盡枯。適逢乾隆皇帝南巡，山東巡撫國泰預知此事，即命鄉民沿運河遍插麻杆，用綠葉裝飾，冒充莊稼，又掩蓋災情，誇耀政績。乾隆皇帝行至陽穀縣七級鎮以北，察知其偽，立即傳旨追究山東巡撫國泰的欺君害民之罪。當時國泰之妹為乾隆皇帝的嬪妃，隨侍在船，聞知其兄獲罪，唯恐受到株連，便於泊船這處投河自盡，當地人把她投河的地方稱為「落鳳濱」，位址在七級鎮北小運河東岸。至今民間仍流傳著這個民間故事。

黑龍除霸

　　民間故事，流行於陽穀縣一帶。張秋鎮往東約一公里的金堤之下，有一深潭，名黑龍潭。相傳，很久以前，潭邊全是茫茫鹼灘，附近窮苦百姓終年辛勤耕作，仍不得溫飽。潭中黑龍見百姓們困苦不堪，乃大發慈悲之心，每於春秋乾旱時發大水入運河，人們引水灌溉，原來的鹼地逐漸變成良田，年年五穀豐登，百姓安居樂業。當地惡霸財主「白眼狼」見鹼地變良田，便起霸占之心，硬說潭畔土地都是他家產業。窮人們不服，將此事寫成狀子，先到縣衙，縣太爺受了「白眼狼」賄賂，當堂將潭邊土地判給了「白眼狼」，並把告狀窮人各打四十大板，趕出衙門。自從窮人們輸了官司以後，潭中便常有黑龍的叫聲。百姓們念其發水灌田之恩，紛紛持供品到岸邊禱告。有一天，「白眼狼」閑得發慌，也帶了幫家奴打手，到潭邊看熱鬧。但見潭中波浪翻滾，天空陰雲翻滾，金光閃處，一條黑龍躍出水面，伸爪捉住「白眼狼」騰空而起。人們仰視天上，只見有點點污血落下，從此便不見「白眼狼」的蹤影。黑龍除掉「白眼狼」後，便一路風雨雷霆下到東北，在山東人的幫助下，戰勝了白龍，占據了一條大河，人稱「黑龍江」。以後如有山東人在江中捕魚行船，黑龍便格外護佑，至今江中各種船啟航時，還習慣先問一聲有沒有山東人，而船中水手或乘客即使不是山東人，也爭相回答「有」，相傳，這就可保你一帆風順。

日改申

民間故事，流行於莘縣。祖傳張寨鄉申莊人的祖先是明朝洪武年間，由山西洪洞縣遷到山東莘縣墾荒定居。當時洪洞縣大槐樹下（又稱老官屋，或老鴰窩）有一申姓家族和日姓家族，均在東遷之列。農民久居此地，熱土難離，官府便派人強行東遷，不遷者滿門抄斬。在高壓之下，申姓家族只好東遷。本是同一個家族，到山東後可能被分得七零八落，分手時，男女老幼難免痛哭流涕，依依惜別。申姓長者勸慰大家：「奉旨東遷，墾荒謀生，實為利國利民的好事。山東乃聖人之鄉，禮儀之邦，又有肥田沃土。洪洞縣小人多，不利家族繁衍，去山東順乎君心民意，何樂不為！」上路前，長者命人搬出大鐵鍋、大銅鍋各一口，親手用錘頭砸成碎片，命主人各拿一鐵鍋片，僕人各拿一銅鍋片，並相約：他年相聚，對片成鍋，方認一家，鐵、銅之分，為主僕標記。安排完畢，申姓家族扶老攜幼，車推擔挑，踏上了艱辛的東遷之路。

行之不遠，忽聽後面有吵鬧聲，申姓長者回頭看時，見一隊官兵正追逐一群百姓。仔細一看，才知被追的是相鄰的日姓家族。原來日姓家族留戀故土，不願東遷，以違背皇命，犯下了滅族之罪。逃難人群接近申姓家族時，日姓長者情急生智，急令本家族人：「改日歸申，加入申姓隊伍。」申姓長者也主動掩護，並厲聲訴責追兵：「我們都是申姓家族，奉旨東遷，為何苦苦追趕？」追兵一時被搞昏了頭，無計可施，只得回去復命。日姓家族免去了滅門之災，感激萬分。途中兩姓互相照顧，親如手足，同行在東遷的大道上。

　　東遷人流進山東境內，官府指定地點定居。其中以鐵鍋片為記的申姓十餘人，被官府指定在朝城縣西北 7 里許的趙王河（河現已不存，仍有河床遺跡）東南岸立村，因其靠渡口，官府命名「渡村」，此處土地肥沃，人煙稀少，只有一姓歐的老人獨居。歐老漢對申姓人的到來十分歡迎，主動介紹當地風土人情，傳授種植養殖技術，還將自己的石磨、石臼、石杵贈給申姓共用。後歐老漢去世，申姓人甚為悲痛，特在村西為之立石紀念，上刻「歐公墓」三字。現在此碑已不知去向（70 歲以上的老人大都還有印象）。

　　若干年後，趙王河乾涸，河床變成耕地，申姓家族更為擴大，遂以姓氏取村名，改「渡村」為「申莊」。後來，申姓一支分為三支，稱「老三門」，共有 1200 餘人。

女尼導遊

　　乾隆三十六年（1817 年）暮春，乾隆皇帝南巡途經臨清，侍從有禮部尚書協力大學士紀曉嵐、東閣大學士劉石庵和書僮打扮的挑夫，侍御者是臨清州第一才子賀當世。他們棄舟登岸來到通濟橋上，舉目仰望「鼇頭磯」三個大字金光閃閃，步過牌坊看到拱券朱漆大門之上，門楣鐫刻的顏體「獨占」二字。乾隆皇帝一行，踏進門檻，但見古木參天，翠竹繞池，碑石林立，殿堂錯落幽靜。忽然，一名身穿百納，手執佛塵的女尼上前來躬身合掌道：「阿彌陀佛」，接著引他們拾級攀向「觀音閣」。高士墨客凡來臨清者無不登閣賦詩唱和。眼下這裏是門外糧艘結隊，舳舫如織，室內丹青耀彩，翰墨流香。對此，乾隆皇帝一行無不流露眷戀之意。這女尼見來人不凡，急忙朝乾

隆皇帝道了個萬福，接著請予賜墨留念。乾隆皇帝見她動中有靜，靜中有動，話中帶笑，笑中含情，於是問起她的年庚法號、出家時日來。書僮在一旁看透了皇帝的心思，忙把文房四寶擺在几案。乾隆立於案邊，揮毫寫下：

> 山中菩提府
> 雲中仙人家

在紀曉嵐向前接筆之際，乾隆皇帝以目示意要他隨和。但見紀曉嵐筆隨意轉，立就寫出：

> 鼇頭獨占天子幸臨留句

劉石庵見是嵌字聯又以臨字突出了地名，毫不示弱地接筆對出：

> 磯秀兩川漁父揚清激濁

　乾隆見狀龍顏大悅。女尼在旁一一道謝。當她發現「乾隆御筆」四字和「古稀之寶」印璽時，急忙雙膝跪倒，口呼「謝主龍恩」。眾人聽後為之一驚，知是機密洩露，急促挾迫女尼離開此地。行至無為觀前，方留步瞻拜聖祖康熙留詩：

> 岸轉蒲帆速，檣回樹影低。
> 波傾閘勢險，溜急浪聲齊。

通歲歌雲漢，今春釋慘悽。
往還為赤子，注意今黔黎。

當時在場的是賀當世，乾隆皇帝見他雖然是布衣，但頗有口才，便問他為何不求進取。賀當世見問愁苦難堪。乾隆皇帝便開導他說：「伸腿念考蜷腿老，老考童生，童生考到老。」賀當世感慨地說：「一人為大二人為天，天大人情，人情如天。」乾隆皇帝愛他文采，當場敕賜。賀當世叩頭謝恩已畢，請御書「無為觀」匾額。隨後，又恭請乾隆皇帝留下一聯。聯曰：

雙間節宣資利濟，
三元調變協寧居。

他們來到龍山之巔，舉目遠眺，景色宜人。漳衛河穿城而過，宛如金帶，會通河傍山而流，清澈見底。兩河之間夾有層樓高棟，通街兩道把它分為三截。乾隆皇帝一時興起指與大家道：

東夾道西夾道東西夾道河夾道

那書僮早已看到東門之內兩竿綠旗一南一北迎風飄揚，遂胸有成竹地面向皇帝說道：萬歲請看：

南綠營北綠營南北綠營清綠營

女尼聽了感佩不已，亦獨自低吟道：

　　武當山上皆名士，
　　少林寺內無賴僧。

忽然一陣鑼鼓從河套響起，乾隆皇帝一行扯起女尼下得山來，穿過雞嘴壩躍上龍舟。這女尼受此挾迫並不掙脫，為了什麼？原來她是臨清名妓奉了知州之命扮成尼姑專迎上賓的。第二天，東方剛亮她便跳下龍舟，登上堤岸。剛行至漳神廟口，忽有兩個差役擋住去路說道：「所得墨寶盡數留下，讓我們轉交知州大人，如有隱瞞，重責不赦。」這女尼速將包袱呈上，轉身直奔三元閣。差役拆封一看，但見行草一幀頗有二王之風。詩曰：

　　衛挾濁漳臨汶清，
　　清因亦濁赴津瀛。
　　默思從善與從惡，
　　難易不禁為惕生。

落款：「辛卯暮春中浣御筆。」並附有「臨清舟中」字跡。

避雨亭

　　乾隆南巡過臨清，豔遇一段風流情。碧玉香魂隨波去，空留一座避雨亭。

　　說話這一日，乾隆皇帝的龍舟靠泊臨清河灣，他輕衣簡

裝，帶上隨侍小太監，悄悄舍舟登岸，一路緩步溜達來到碧霞宮戲樓。

　　碧霞宮正巧過會。會場上，一溜兩行亂熙攘，酒旗茶幌迎風飄，買賣攤吆喝聲此起彼伏，三臺大戲對著唱，鑼鼓喧天，笙歌悠揚。周圍 4 府 18 縣趕會的人像潮水一樣，不住溜兒地往這兒淌。在會場的西南隅有片柳林，初春乍暖之際，柳梢吐黃泛綠，翠煙籠籠，好不喜人。柳林中儘是鬥雞的、抵羊的、鬥鵪鶉、耍旗幡的玩耍之人。乾隆左轉右繞，在觀看鬥鷹的人群中忽然看見一位姑娘，只見她二八妙齡，俊俏身材，蓬鬆烏黑的一頭秀髮，兩道彎彎的月牙眉，嘴唇一點猩紅，一雙丹鳳眼緊盯著兩隻捐翅博擊的鷹，手中還折動著一把竹蔑，左彎右繞編織著什麼。乾隆不由好奇起來，心想到底是平常人家的姑娘勤快，出門玩耍還帶著活呢。正當乾隆再想仔細觀看姑娘的當兒，忽然人群一陣騷亂，只見一群滿臉橫肉的惡少，手中拎著鳥籠子，簇擁著一位翩翩公子闖過來。一問，原來是臨清鈔關稅監吳老爺吳應賜的大公子吳彪。乾隆本想上前與姑娘搭訕，結果被吳彪一夥給攪了，心中十分氣惱，真想發作一番，但礙以自己身分，只好強捺怒火悻悻而去。

　　乾隆回到龍舟，一夜輾轉不寧，心中總惦念著姑娘，一大早便帶著小太監又到柳樹林裏蹓步。柳林邊、河灘上到處是放風箏的，漫天上蜈蚣、蜻蜓、燕子、八卦、萬花筒各式風箏飄飄蕩蕩、扶搖直上，上下翻飛。乾隆正觀望著，忽見一隻蒼鷹搏擊而上，翩翩升空。等鷹快近白雲時，一個鷂子翻身，雙翅一抖俯衝而下，直嚇得鳥雀喳喳亂叫，人們仔細一看，原是一隻風箏。再順著絲線一看，嘿！竟是乾隆昨天遇見的那位姑娘

放的。他這才悟出她昨天原是察看鷹的動態揣摸風箏樣呢。真是個聰慧機敏的人兒，不由心中又添了幾分愛慕。

乾隆急忙趕過去搭話。剛搭上話茬，背後忽然闖過兩個人來，上前話也不講，拽過線拐子，三拉兩扯把風箏收下來，「哧啦」一聲給撕爛了。乾隆抬頭一看，真是冤家路窄，竟又是吳彪一夥，不由怒火胸中燒，便厲聲喝道：「膽大狂徒，好生無理，光天化日之下竟……」，不等乾隆話說完，只見吳彪將鳥籠子一擲，夥同幾個惡少將乾隆和姑娘圍了起來。一個惡少乘乾隆不備，一個惡狗撲食撲過來，乾隆聽得耳後風聲，一個白鶴亮翅閃轉身來，順勢一串燕子旋腿，劈哩啪啦把三四個惡少踢翻在地，隨即把腳踩在一個惡少脊樑上，痛得他嗷嗷直叫。乾隆自己也未想到，宮苑太傅教授的防身招數，今天果真用上了。吳彪沒想到一個白皙公子竟有這般功夫，覺謀著再鬧騰準占不了便宜，便帶著幾個惡少溜了。

姑娘忙跪在地：「若非義士捨命相救，小女今日……」

乾隆一把扶起姑娘，淡淡一笑，「區區小事，何足掛齒。」

姑娘起身抬頭之際，方瞧見乾隆模樣：藍袍青夾，合體瀟灑；紅頂冠結，如火如焰；冠帽下額庭飽滿，眉宇寬闊，兩頰白皙而豐頤，一雙明澈慧眼流露著聰敏和沉著。這時，姑娘看乾隆，乾隆看姑娘，目光相交，把姑娘羞得兩頰飛起兩朵紅霞。

姑娘為解窘態，低頭說起自己身世。原來姑娘是下擺渡口孫船大的孫女，從小乖俊，私塾先生給起名時借「小家碧玉」之意，遂名孫碧玉。碧玉姑娘家幾輩玩船，靠擺渡、打魚為

生，一家人勤勤懇懇，親親熱熱，雖貧寒，倒也和美。一年隆冬封河時，碧玉爹臥雪鑿冰撈得兩筐魚被吳應賜搶到鈔關署。碧玉爹脾氣倔強，怎肯依從，動手奪起魚來。結果吳應賜以「抗捐抵稅，毆打稅官」為名，將碧玉爹一頓毒打，關進船料房兩天兩宿不給飯吃。可憐他鐵錚錚一個漢子，數九隆冬連氣加餓，硬是被凍成一塊冰疙瘩，含恨慘死。碧玉娘悲憤交加，哭得傷心動肝，也相繼而亡。從此，碧玉和爺爺一老一幼，相依為命，掙扎過活。

賊子吳彪雖娶了兩妻一妾，但見碧玉長得俊俏，又生歹意。他仗著他爹是戶部榷稅鈔關六品官，幾次死乞白賴托媒人提親，欲納碧玉為小，被孫船大大罵而回。吳彪賊心不死，終日循蹤跟隨碧玉，糾纏調戲，想逼其就範。碧玉妙齡二八，正情竇初開之時，卻被惡少纏磨，困境中又無處傾吐知心話語；若是娘親在身邊，也好……，碧玉說著說著，淚水滿腮，泣不成聲。

乾隆常年長在綺羅香澤、錦衣玉食之中，哪裏知道民間這些苦楚，聽著碧玉述說，憐憫之情油然而生，眼角也噙滿淚水，稍一會，他接過碧玉手中風箏，思索著碧玉姑娘的話語，深深感到微服私訪、瞭解民瘼對扶正懲邪、整頓朝綱的重要。不由長長舒一口氣，一語雙關地吟道：「好風憑藉力，送我上青天。」又對姑娘安撫了幾句，便回到了龍舟。

第二天，乾隆派小太監去接碧玉來龍舟敘談臨清貨流、漕運、商賈、榷稅、民生等事。不料來到下擺渡口一看嚇傻了眼：只見擺渡小船底朝天，船邊水漂衣片，血跡斑斑。原來吳天賜聽吳彪說碧玉姑娘這幾天邂逅相遇一位面如冠玉的貴公

子，聯想到乾隆龍舟已抵臨清，不由大吃一驚。倘若這位公子
就是皇上，孫船大爺兒倆把我的事一抖露，那還了得！吳應賜
頓時嚇得魂飛魄散，撲通一聲癱倒地上。吳彪見他爹嚇成一灘
泥，自己鼻尖也沁出汗來。但事到如今，也只好破罐子破摔
了，心一橫，賊大膽地支使幾個心腹，偷偷泅水去幹掉孫船
大，想殺人滅口。

　　這日清晨，碧玉姑娘坐在船蓬裏，對鏡梳妝，看著鏡中俊
俏的臉蛋，心想自己終身如能隨那仗義的公子該有多好，不由
臉泛春潮，含羞甜笑起來。孫船大見孫女兒忸怩的神態，正想
放下沖船的水斗詢問，忽聽船下一陣水響，忽地從兩邊船幫跳
上四個面蒙黑布、手持短刃的水鬼。孫船大憑著多年闖蕩水上
的經驗，知道來者不善。他屏住氣拉出拳式，隨往船尾退隨尋
摸家什，退著退著突然飛起一腳，把一把櫓踢將起來，用手接
過，掄起就朝蒙面水鬼劈過去。當時一個歹徒被砍中腦袋，頓
時腦漿迸裂，栽入水中。其餘三個歹徒惱羞成怒，飛起三把尖
刀直朝孫船大咽喉刺來。孫船大揮槳橫掃，擊飛兩把，另一把
閃躲不及，刺中脖頸，一聲孫女快跑還未喊出就倒置在血泊
中。碧玉聽見船上一陣騷動，鑽出船蓬一看，隨即操起兩把修
船的鑿子撲將過去。見爺爺身遭慘死，急紅了眼，把兩把鑿子
直朝歹徒擲過去，結果非但未擊中歹徒，反被兩個水鬼扭住雙
臂，用黑布罩住眼、堵上嘴，反綁起胳膊從船上扔進運河。三
個水鬼隨著跳下水，把船掀了個底朝天。

　　吳家父子自以為滅了活人證，無處查對，正洋洋得意。豈
料乾隆早已按碧玉姑娘述說的市井之情，遣人悄悄將吳應賜、
吳彪父子權霸鈔關、草菅人命、敲榨商旅、魚肉百姓的罪惡一

一查對清楚，遂將吳氏貪官革去頂戴花翎，逮京治罪。

　　乾隆天子啟鑾南行，無限思念碧玉姑娘，遂命為其修建紀念亭閣。不久告竣，矩麗輝煌。亭閣居中是重簷翹脊、雕樑畫棟的廳閣，兩翼長廊花欄斑斕、靈巧古雅，遠遠瞻望宛如一隻展翅欲飛的天鵝。

　　乾隆歸京時路經臨清，看到亭閣後著實高興。但一見匾額題寫「避雨亭」，知道書丹之人迴避皇上與平民姑娘邂逅相遇之嫌，不敢題寫「碧玉亭」，不由微微一笑搖了搖頭。遂命畫人描下圖樣，回京後即在「萬園之園」的「萬春園」仿照「避雨亭」建築格局，建起一座廳廊合壁、亭臺兼備的優美奢華的亭閣長廊，乾隆皇上御賜雅名「天地一家春」。凡是知道這處景觀的人，都曉得她的故事還是來自運河商埠臨清城呢！

二十二、民間遊戲

火獅子舞

民間遊戲，流行於莘縣十八里鋪鄉鞠屯村，距今已有近千年的歷史。火獅舞原是農民祭春求雨的一種祭祀形式，意在用火獅子激起龍王下雨滅火的情致。表演火獅子舞一般在農曆二月初二（龍抬頭日）。表演者先用草紙搓成紙撚，再用細繩編織在一起，綴於數塊木板上，成為紙撚外衣，狀如蓑衣，似獅形。每頭獅子用紙撚 3000 餘隻。玩耍時，表演者將紙撚外衣穿在身上，點燃每隻紙撚後，手指著地，模仿獅子的動作，翻騰跳躍，火光閃閃，煙霧騰騰。大小數十隻獅子齊舞，加之鼓樂齊鳴，氣勢恢弘，觀者無不歎絕。1980 年，著名演員作家黃宗英欲將火獅子舞拍入電視連續劇《中國一絕》，因天氣和技術處理等原因，試演失敗。

吹打樂

民間樂器習俗，流行於東阿縣。樂器主要有哨吶、管子、笛子、笙、鼓、梆、小鈸、小鑼等。一般由梆子、小鼓掌握節奏，並根據樂曲情緒而有所變化。由於哨片硬，善模仿簫、三弦音色，其風格剛健有力，粗獷豪放，屬山東北路鼓吹。曲目有《普天樂》、《到春寒》、《單對花》、《將軍令》等，

1949 年後，一些老曲目多不演，曲目內容隨時代發展的變化，增加了《慶豐收》、《百鳥朝鳳》、《梁祝》、《朝陽溝》等節目。至今每當逢年過節，婚喪嫁娶及一些重大慶祝活動，都有吹打藝人的精彩表演。

秧　歌

又稱太平歌，民間歌舞，流行於聊城東南土城、劉營、城西沙鎮、城北姚莊一帶。秧歌隊一般由二三十人組成，化裝成憨妮、憨小、公子、小姐、老翁、紳士、村姑、老婆婆等，繞成一個大圈子，載歌載舞，不急不慢，嬉笑怒罵，憨妮、憨小動作滑稽為丑角，常引逗得人們捧腹大笑。行列之外，有一個撐著雨傘，傘下掛一燈籠，為秧歌隊的指揮。秧歌曲調有「岳大夫」、「跑四川」等幾十種，唱詞即情即景，臨時拈來，輪流領唱，彼此唱和，幽默風趣，活潑生動。此俗至今流行。

窪里秧歌

民間歌舞，流行於臨清城南窪里村一帶。相傳，為沿運河自南方傳播到這裏的民間娛樂形式。其動作多以插秧、拔草等為主，充滿濃厚的生活氣息。主要角色玩傘手，是秧歌隊的開路先鋒和嚮導，並指揮隊伍變換場面和演唱內容；藍旗人，緊跟傘手，是秧歌隊的領隊；高罩人，由 2 人扮演，各執高罩立於藍旗人兩側；鼓子、鑼子、土地爺、公子；憨老婆為丑角，使各角色互相配合，並擔任提臺詞補遺的任務，指揮憨妮、憨小逗笑取樂；憨妮、憨小是憨老婆的助手。無論秧歌隊走到哪個攤販前，吃的用的隨便拿，還和人家攀親家，喊舅舅、姨

姨，攤販被吃被拿，也只一笑了之；京媽媽，是京城人民群眾的代表，象徵著城鄉人民的團結。所用的道具有傘、鼓、鑼、金錢落子、高罩（上分別寫「窪里莊」、「秧歌隊」）、藍旗（藍色象徵著春天，白字代表日月、星光普照大地，飄帶意為五穀豐登、萬物生長）。演員皆化裝成梁山英雄人物去攻打大名府。這種歌舞形式堂邑（今屬聊城市）、冠縣等地也有流傳。

五鬼鬧判

民間遊戲，流行於臨清及沿運河一帶，為明代沿運河從江南的南通一帶傳播而來，以民間神話傳說中鍾馗故事為內容的一種社火。其角色由陰曹地府的閻羅判官鍾馗和撐傘鬼及手執琴、棋、書、畫的五個小鬼組成。演出時，在鑼鼓伴奏下，眾

臨清民間社火五鬼鬧判　攝影／袁陶光

小鬼歡騰跳躍，忽而虎跳、滾毛、蠻子、鏇子；忽而蠍子爬、車輪跟頭、獅子滾繡球；忽而鯉魚打挺、屎克郎滾蛋、疊羅漢，竄挪騰跳，瀟灑大方，以嫻熟的舞蹈語彙配以各種圖形的變換，使整個場面生氣勃勃，情趣盎然。這時，判官在轉傘伴舞下，手執笏板，舒展闊袖與眾小鬼打逗嬉鬧，時而撫琴吟曲，時而凝目觀畫，時而舉盤品棋，時而抒髯審書，鬼判配合默契，惟妙惟肖，妙趣橫生。其借鬼喻理，伸張正義，鞭撻邪惡。幾百年來，歷代藝人相演相嬗，表演技藝不斷豐富，深受人民群眾歡迎。近年來很少上演。

聊城抬杠官

民間遊戲，流行於聊城一帶，社火的一種。用兩根四五米長的木杠子，在中間安上小座椅，一根坐縣官，一根坐官太太，兩個衙役抬一根。縣官戴雙翅烏紗，穿補服緞靴；官太太著海青色大襟褂子，繫黑裙，蓮船盈尺，引人注目。縣官和太太穿戴都很闊綽，面孔經過特意化妝，顯得滑稽可笑。兩人一前一後，為其鳴鑼開道，嗩吶鼓樂相隨，招搖過市。另有扮演喊冤告狀的兩個人，攔著木杠要打官司，於是停杠問案，縣官坐在座椅上權作大堂，故意把案子問得顛三倒四，一塌糊塗，太太還從旁插話接舌，引得觀眾陣陣哄笑。鑼鼓喧天，嗩吶聲起，又繼續前行。此俗近幾年已很少見。

抬杠官

民間遊戲，流行於臨清、聊城一帶，社火的一種。表演者由身著破爛官袍，頭戴蒜辮翎帽、臉塗丑角臉譜的「縣太

爺」，四個手持「黑紅棍」的開道，「衙役」及兩個「抬杠衙役」組成。踩街時，「縣太爺」坐在滾圓溜滑的木棍之上，身晃手搖，滑稽可笑。無固定表演場合，只要有人攔駕「喊冤」即停下來，喊冤訴屈者，多為縣衙不受理的民間鄰里糾紛小事。此時，「縣太爺」就地辦案，用道德理念予以解勸，並多用笑話插科打諢，使民間積屈在笑聲中釋解。如遇刁蠻者，「縣太爺」有權指使「衙役」用「黑紅棍」仗罰，以伸張正義，懲治邪惡。1949 年後，此社火曾停演。五十年代，「除四害」時又再度興起，喊冤者多扮老鼠、蚊、蠅、跳蚤等，「縣太爺」據理陳詞，述說對人之危害，深受人們歡迎。

杠　箱

又稱杠箱會，也稱響鈴會，民間遊戲，流行於臨清一帶。鈴箱由大、中、小銅鈴搭配吊裝而成，其大鈴如罐，小鈴似盅，響聲各異。踩街表演時，大鈴音箱由前後四人雙杠肩抬；小鈴音箱由二人抬杠。杠肩花樣有顫肩、內肩、跳肩等。箱內大、中、小鈴撞擊作響，高低各異，悠揚悅耳，幾里外聽來如臨現場，別具風趣。五十年代後這種遊戲已沒人表演。

陽穀挽旱船

民間遊戲，流行於陽穀縣東部沿古運河的張秋、七級、阿城一帶村鎮，以張秋鎮王營村最負盛名。船身以竹木或秫秸為骨架，外用彩紙或綢布裝飾，上部為樓房狀，並有彩燈等點綴物，船的下部以彩綢作幃。表演時一人居中駕船平穩運行，一人持篙撐船，一人拉纖，並有鑼鼓伴奏。除表演各種優美的水

上動作外，也穿插一些詼諧滑稽的對話，整個表演為一個比較簡單的故事。演出多在春節和元宵節期間進行。「文革」期間曾被當做「四舊」加以禁止，近年又逐步恢復並有新的發展。

跑旱船

又稱花船、彩船，民間遊戲，流行於聊城、臨清一帶。船是由木架、竹竿或秫秸紮製而成，船上搭有遮陽的帳幔、繡簾，船身圍著繪有波濤飛濺的布帷及彩綢、縮花等裝飾，全船鋪陳華麗，彩飾鮮妍。表演時用彩綢繫船兩舷同時套於扮演少婦的肩和腰上，少婦粉靨豔裝，笑容可掬，似坐船狀盤屈雙腿坐於船頭，兩隻金蓮纖小如菱，著繡鞋，露粉底，特意顯露於

高蹺　旱船　攝影／姜　鋒

外。少婦一直靜坐船頭，在嗩吶、笙笛伴奏下，唱著船家女俚曲，鶯聲嚦嚦，歌喉甜潤。不要看「她」（多為男扮女裝）流目弄姿，十分愜意，其實兩腿在下面不停地奔走。扮演者不但要兼備武技中的軟硬功夫，還須有戲劇旦角的藝術造詣。另有一人扮作艄公，紮圍裙、戴竹笠、手持木槳，跟在彩船左右，作撐船撥水狀。彩船繞行全場，似飄浮於波濤之上，忽而順風輕帆，既快又穩；忽而風浪大作，船身顛簸，左右傾斜。二人繞場穿花，載歌載舞，配合默契，一直深受人們歡迎。至今在節日喜慶時表演頗多。

獅子舞

　　俗稱玩獅子，民間遊戲，流行於聊城、臨清一帶。相傳，宋膠州刺史擅和之奉命攻臨邑，臨邑王以象軍參戰，宋軍敗。先鋒官宋愨獻計，以布、麻做假獅子，由士兵披架，威嚇象群而獲勝。從此，舞獅在軍中盛行，後漸傳民間。獅子是用木、竹雕紮成獅頭，布製獅身，黃麻為毛，頸繫銅鈴。民國間，聊城龍灣村有一郭姓工匠，有一套世代相傳的製作獅子的技藝，以此為業。他製作的獅子外貌與真獅相似，頭部龐大猙獰，怒目閃睒，血盆大口，可張可閉。項間掛一串銅鈴，搖擺時響聲震耳；全身披掛黃麻，外觀威武雄壯，形象逼真。舞獅是由兩人披覆獅身，一人執頭，一人做尾。做尾者跟著獅頭動向，亦步亦趨，節奏協調，行動迅速，配合默契。另有一個武士裝扮，身穿密紐扣的唐裝燈籠褲衫，紅綢束腰，青帕裹頭，足登快靴，手拿繡球，在獅前開拳踢打、誘挑，引得獅子性情暴燥、張牙舞爪，隨著鼓點的快慢輕重，忽而翹首奔騰，忽而低

頭四顧,忽而臥地匍伏,忽而擺頭搖尾,並做舐毛、擦腳、搔頭、洗耳、朝拜、翻滾、撲躍等花樣,千姿百態,妙趣橫生。節目有上樓臺、過天橋、跨三山、出洞下山、滾球吐球等。配合京鼓、京鈸、京鑼的節拍,獅子形態逼真,惟妙惟肖。另外還有「大刀劈獅子」等特別節目,動作驚險;「群獅舞」中群獅歡騰跳躍,氣氛熱烈;「母獅生小獅」中,母獅現場生小獅,母子相親相逗,情趣盎然,又稱獅胞會。臨清王沿村、林園村舞獅隊表演尤佳。聊城的舞獅高手,如東關菜市街的逯永江、武林名家王幼寬等人,技藝高超,於民國年間曾名噪一時。至今每逢喜慶之日,必有獅子舞。

高　蹺

民間遊戲,流行於聊城、臨清一帶。高蹺古稱續足之戲,又稱拐子。高蹺起源很早,據《列子·說符》已有記載,宋時盛行。高蹺按距地高低分高、中、低三種,高者達三米多,中者一米有餘,低者 0.4 米左右。蹺棍為方棱形木棍,腳踏處有踏板。表演者將蹺棍縛於雙腿上,腳踏踏板,行走自如,能作各種高難度動作,如:雙腿分劈作八字形,不用人攙扶,忽而立起,叫「劈叉」。高蹺隊一般有二三十人組成,各裝扮成不同的角色,有老漁翁、村姑、少年相公、員外、僧道、老太婆、閨秀小姐等,表演「白蛇戲許仙」、「青蛇逗艄公」、「雙蛇彩嬉」、「八仙過海」、「西遊記」、「憨妮鬥俏」等劇碼。濃裝豔抹,衣飾鮮豔。手裏拿著紙扇、雨傘、漁棹、鼓板、寶劍、拂塵、蝴蝶之類。踩街時由頭棒、二棒(即哼哈二將)開路,憨妮憨小丑角收尾。伴奏為腰鼓、小雲鑼和嗩吶

等。表演者踏著快速的拍節，往返穿花行走，動作滑稽，扮相可笑，氣氛熱烈。至今每逢喜慶節日，必有高蹺表演。

聊城龍燈

民間遊戲，流行於聊城一帶。聊城龍燈起源於宋朝，距今已有數百年的歷史。聊城紮製的龍燈，龍頭高一米有餘，突睛怒目，巨口銳身，雙角高聳，濃髯紛垂。龍身長二十餘米，外繪龍鱗花斑，體內燃數枝蠟燭，舞動時旋轉傾側，不斜不滅，尾部綴有銅鈴。龍燈一般分七節或九節，都裝有可擎握的木把，需用十多個精壯漢子持以舞動。另有一人，挑著綴有一顆明珠的長杆，在龍頭前引逗戲耍。在緊密的鑼鼓聲中，巨龍吒吒風雲，左右翻卷，昂首奮飛，姿態變幻萬千，而且速度快、幅度大，一氣呵成，熱烈奔放。傳統節目有「打折」、「退皮」、「龍打滾」等，都很驚險。有時數條巨龍匯聚一處，演出群龍戲珠，那場面更是火爆熱烈，真有翻江倒海雷霆萬鈞之勢。聊城舞龍燈有自己的規程，元宵節前兩日，城鄉各龍燈會（玩龍燈的組織）照例必請龍取水。在聊城東關前菜市街華佗廟外有一口井，叫龍泉。每年這兩天，鑼鼓喧闐，鞭炮雷鳴，一條條巨龍揚鬃舞爪而來，到井邊繞行一周，龍頭向井中一探一伸，隨即昂首呼嘯而去。此來彼往，絡繹不絕。取水後，還要祭龍，把龍身舒直，在龍頭前設下幾案，燃燭列供，玩龍燈的人一一行禮叩拜。這樣，巨龍才可騰躍九霄，神力充沛，這一年也一定風調雨順，五穀豐登。

舞龍表演　攝影／袁陶光

雲龍會

又稱龍燈，民間遊戲，流行於臨清一帶。宋吳牧《夢梁錄》載：「元宵之夜，草縛成龍，用青布遮草上，密置燈燭萬盞，望之蜿蜒如雙龍之狀。」龍燈用竹、木、紙、布紮糊而成，製作技藝精湛，繪畫色彩豔麗，有九節、十一節等，每節內點燃蠟燭。臨清雲龍表演技藝豐富多彩，有「蛟龍探海」、「雲龍騰空」、「雙龍戲球」、「龍鑽祥雲」等。鑼鼓伴奏有車鼓、群鈸、銅鑼，鼓點鏗鏘，氣勢磅礴。五十年代前，有舞龍祈雨之習，現在多為吉慶吉祥之意。臨清舞龍，較別地鑼鼓頗具特色，並專有銃炮隊和火硝隊配合表演，演出中銃炮幾十門列隊兩旁，龍舞時銃跑聲聲春雷，硝煙如滾滾雲霧，龍在雲

霧中翻騰搏擊，氣勢宏大，氣象萬千。雲龍會至今在喜慶時必有表演。

臨清摟花

民間遊戲，流行於臨清金郝莊一帶。用破舊的碎鍋鐵片和木炭裝入鐵絲籠裏，以一繩連接籠子及木杆。表演時借助人力一摟（Lou，方言，借慣性的力量甩），場地以四周有牆為佳。木杆插入石砧子孔內，點燃籠中木炭，高速搖動籠子，紅軟鍋鐵片從籠子孔中向四周飛出，撞於牆上或落在地上，即火花四濺，頗為好看。多由熱心者於農曆二月初二前後的無月之夜表演，圍觀者頗眾。因耗費體力尤甚，儘管費用很低，仍於八十年代後逐漸消失。

托泥錢

民間遊戲。小孩子們用兩枚制錢，兩錢中間夾一點膠泥，拿小竹筷從制錢孔中穿過，雙手持筷滾動一二下，把制錢掀開，膠泥就變成了有字有孔的泥錢。托幾十個泥錢曬乾，用細繩從孔中穿起來叫泥串。小孩子常常以此誇富。近年已不見此俗。

殺羊羔

民間遊戲，流行於莘縣一帶。這種遊戲四五個人即可玩，人越多越好。根據人數多少，場地可大可小。玩時先選兩個身高力壯的人分別做護羊人和殺手，其他人當羊羔，羊羔按高矮在護羊人後邊依次排開，後邊的拉著前邊的後衣襟。護羊人伸

開雙擘阻擋殺手，殺手設法將羊抓住，「羊」則在護羊人的保護下極力躲避殺手。凡被殺手捉到的即算被「殺掉」，即刻退出佇列，直至將羊全部殺完便告一局結束。然後殺手與護羊人交換，重新開局。遊戲時間不限，盡興而止。此俗至今仍流行。

藏貓跟

又名捉迷藏，民間遊戲，流行於莘縣一帶，是兒童夜晚進行的遊戲。玩耍時先選定一個「家」，然後分開班，每班人數對等。藏的一班迅速隱藏，捉的一班留一人護「家」，其他人分頭去捉。當抓住時以手拍對方的頭頂為勝；拍不住的以進家口喊「到家了」為勝。全部到家或被捉完即算一局結束，兩班交換重新開局。此俗至今流行。

打瞎驢

又叫摸瞎虎，民間遊戲，流行於莘縣一帶。這種遊戲玩耍時選一人當「瞎驢」，並將其雙眼蒙住，其他人亂打（一般點到為止），「瞎驢」則憑感覺亂摸，以抓住他人為勝。被抓者蒙上雙眼當「瞎驢」，重新開始。依次類推，盡興而止。九十年代後，這一遊戲逐漸減少。

老鼠過街

民間遊戲，流行於莘縣一帶。晚飯後兒童玩的一種遊戲。玩時選一個人站在街道中做打鼠人，其餘人站在街道兩旁當「老鼠」。「老鼠」依次速跑過街（即跑到對面道旁），並打一下

捉鼠人，捉鼠人則奮力捉「老鼠」。被捉住的「老鼠」變成捉鼠人，原捉鼠人改為「老鼠」，沒有終結，直到大人喊睡覺為止。此俗至今流行。

打　尜

民間遊戲，流行於聊城一帶。尜，一般是用較細的短木棍削成兩頭尖，長 3 寸左右；尜板一般是 1 尺 2 寸到 1 尺 5 寸之間長短，2 寸左右寬的薄木板，有的用長短相當的木棍，稱尜棒。活動一般在冬季，選擇較寬敞的場地進行，場地中心畫一圓圈稱「鍋」。將尜放入其中，用尜板打出，可只打一次，也可連打，甲方打，乙方投入為贏；乙方打，甲方投入為贏。贏方再往外打，如此循環往復，沒有一定的時間限制，直到雙方盡興為止。這一活動兩人、四人、六人均可進行，一般要求甲乙兩方人數相等。至今此遊戲仍在民間流行。

奔　房

又稱踢瓦，民間遊戲，流行於聊城一帶。瓦的形狀不求規則，可隨意找一小塊陶瓦片或瓷瓦片。較常見的有以下兩種活動房式，房的形狀見下頁圖。活動時，首先把瓦投入 1 中，單腳起跳，把瓦從 1 依次踢到 2、3、4、5、2、1，最後把瓦從 1 中踢出。再把瓦投入 2 中，按上述踢法依次踢完 3、4、5。踢完後，站在 1 線外背身從頭上往房中投瓦，瓦壓線或投在房外為輸，需從頭踢起；不壓線，瓦投在那個房內，那個房便是家，然後從家中按上述踢法踢瓦，到家時要雙腳著地，轉身背投，直至背完 5 個房，才告一段落，誰先背完為贏。這種遊戲

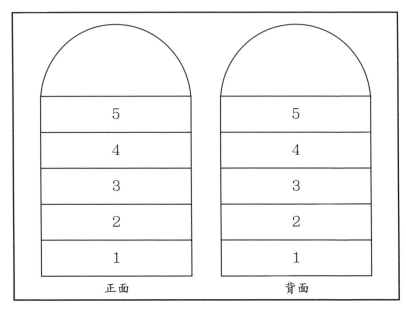

奔房

活動不拘場所，也沒一定的時間限制。六七十年代前，農村女孩上學的少，多以此為娛。七十年代後，不上學的孩子多下地幫大人做些農活，平時奔房較少，而年節時，這種活動仍很普遍。

拉拉扭

又稱皮扭，民間遊戲，流行於莘縣一帶。拉扭是用直徑 4 釐米，長 5 釐米左右的梨木或棗木旋削而成，多為一頭尖，尖頂鉗一鋼珠。玩時，用一米左右的長線繩繞皮扭纏數圈。手扯線繩頭一端，將皮扭向前下方猛拋，同時將扯繩手向身後猛拉，皮扭尖部著地（一般在冰地上玩），高速旋轉，可達數分鐘之

久。待欲停時，可用長布條做成的小鞭抽打，使其加速旋轉。玩的形式有多種，其一是數人同時拉轉，轉的時間最長者為勝；二是在較大坑塘或結冰的河面上，定一點同時拉轉後用鞭抽打，使皮扭向一個方向邊轉邊跑，以最遠者為勝。七十年代後，冰面漸少，部分玩者限於水泥地面。此俗在民間很流行。

拉風葫蘆、吹琉璃乒乓

　　民間遊戲，流行於莘縣一帶。風葫蘆為竹木旋削加工而成，琉璃乒乓是由琉璃吹塑拉製而成。琉璃乒乓多為 10 歲上下的兒童吹玩，發出清脆單調的乒乓聲音，吹時用力要均勻，否則易崩壞。風葫蘆玩時還有兩個半米長的細棍用細繩繫在兩棍頭上，將風葫蘆的凹柄部套在繩中（繞一圈），一上一下的提放，使其旋轉，就會發出一種奇特的聲響。多為 16 歲以上的人玩耍，技術熟練者還能將風葫蘆拋到空中，接住繼續拉轉，高超者能做各種難度動作。六十年代後這兩種民間遊戲在莘縣逐漸少見。

五個禿

　　民間遊戲，流行於東阿縣一帶。相傳北宋末年，由河南開封人孫禾所創。孫禾十幾歲成孤兒，討飯為生，有次去富裕人家乞討，這家人把一盆剛出鍋的熱稠飯潑在他頭上，頭皮燙傷，毛髮脫落，變成禿了。從此，孫禾討飯時大講自己的遭遇，控訴這一富裕人家的罪惡。後來他用葫蘆製作了 4 個頭像，用竹竿撐起，外飾褲褂，自己操縱，並用多種腔調配音，詞調詼諧，表演滑稽風趣。此節目延至清朝光緒年間，由卜莊

藝人張明利發展演變。後經縣文化部門挖掘整理，反復演練，流傳至今。該節目已收入《中國民間民族舞蹈集成》。

老鷹抓小雞

民間遊戲，流行於聊城一帶。遊戲時有兒童數人連接成一個長隊，年齡大者在前，最小者在後，另由一人扮作「老鷹」，專抓最後邊的「小雞」，前邊的「老雞」身後的兒童則跟著「老雞」左躲右閃，以老鷹捉住「小雞」或「雞隊」散，為「老鷹」勝。此遊戲至今在民間流行。

踢毽子

民間遊戲，流行於聊城一帶。毽子是用公雞的尾毛或脖子上的毛，插在圓形底座上（一般是用兩枚銅錢作底座）。相傳元朝時由蒙古傳入，明代以後盛行於民間。毽子有多種踢法，可一人踢，亦可兩人踢，有「前踢後打」，腳兩側、腳跟、腳尖乃至左右開弓及小腿、膝、肘頭接、擋、傳等踢法，也有比賽所踢次數多少等花樣。至今在民間廣泛流行，小女孩尤擅長此項活動。

九九消寒圖

民間遊戲。早年間書館中塾師，每到冬至，常指導孩子們畫九九消寒圖。消寒圖是用一張白紙，畫為九格，每個格裏再畫九個小圈。從冬至這天起，每天用紅筆或墨筆來點，按「上點陰、下點晴、左風右雨雪當中」，一圈圈地填，點到最後一格，就是「黑墨染盡圈中點，便知郊外草青青」了。消寒圖有

的還點綴一枝梅花，有八十一個花瓣，每天用紅筆塗一個花瓣。再有的橫寫「庭前垂柳珍重待春風」九個字，每天摸紅一畫。塗完花瓣，或描好這九字，恰好把「九」渡過，寒也消磨過去了。消寒圖的九個格常常各綴有幾句俚詩，詩句道出了嚴寒季節的風情，並引用諸多古人故事。較常見的有：「冬至方入九，天寒難伸手，浩然去採梅，路滑驢難走。」「二九一十八，梅開雪裏花，湘子度文公，叔姪同出家。」「三九二十七，正當雪淋漓，玄德顧茅廬，求賢心至急」等等。消寒圖有自己畫製的，也有畫店木板印製的。1949 年後漸漸消失。

瞎子賣牌

牌又稱紙牌，民間遊戲，流行於聊城一帶。相傳唐朝中葉，有個姓葉的女人，喜歡和名流們玩弄紙牌，拿紙牌作賭飲酒吟詩，後來，人們便以她的姓把紙牌叫「葉子」，又稱紙牌遊戲為「葉子戲」。後來紙牌上又繪以水滸人物。早年間，紙牌不能公開售賣，唯有盲人可以明目張膽的賣紙牌，有句歇後語是：「瞎子賣牌──官的」。此俗至今已很少見。

粘知了、抓神仙

民間遊戲，流行於聊城一帶。知了，又名蟬，聊城稱「姐了」，臨清稱「嘰牛」。其幼蟲生活在深土中，每年四五月份由土中鑽出，爬上周圍樹木之上，脫去外殼，變成蟬。因其會變，聊城人稱其為「神仙」。傍晚時分是「神仙」出土的最好時間。這時，大人和孩子常常挑著燈籠，或打著電筒去抓「神仙」，有些人乾脆不用任何光亮，只憑感覺往樹幹上去摸，也

稱摸「神仙」。摸到「神仙」用碗一扣，第二天變成「知了」，逗孩子一樂，確實有點「神氣」。摸的多了，用鹽一漬，油炸後食之，味道鮮美，還可明目。知了有翅，生活在樹上，雄知了腹部有發聲器，可發出「吱吱」的長鳴聲。小孩常常喜歡粘知了，用一根長竹竿，頂端上摸上膠狀物（一般用麵筋），看準知了，輕輕粘住蟬翅，便可捉得。此俗一致延續至今，近年略有減少。

撲蜻蜓

民間遊戲。每到夏天，雨過天晴，蜻蜓漫天飛舞。兒童們常常成群結隊去撲蜻蜓。撲蜻蜓時用一把掃帚，往蜻蜓密集的地方往下一撲，蜻蜓三二隻。把撲到的蜻蜓翅膀捉在一起噙到嘴裏再撲，一會，孩子們嘴裏噙著一大疊蜻蜓。有時，他們把雌性蜻蜓做招，拴到一根線上，來回搖盪，雄性蜻蜓相見，立即纏著不放，於是雄性的便被抓著了。綠色的蜻蜓為雌，叫「老旦」，尾端一段翠藍色的為雄，叫「夾巴」。普遍常見的叫「黃兒」，滿紅的叫「紅姑娘」，近年來已不多見。

二十三、民間競技

查　拳

　　又名滑拳，俗稱回民族，民間競技。查拳起源於冠縣冠城鎮張尹莊村。相傳，為唐代郭子儀西城搬兵平息安史之亂時，有位回族將領滑宗岐，因作戰受傷滯留張尹莊村養傷。他傷好後為報答鄉親的照料之恩，便把他的拳術傳於查密爾，後稱滑拳，又稱查拳。查拳在冠縣早已風靡鄉里，代代相傳，至今已有十三代。世代查拳高足，曾揚名齊魯、吳越、巴蜀、雲、貴、晉、冀等 11 個省市，現有查拳弟子 3000 餘人。查拳 13 代高足張英振，1943 年參加南京舉辦的全國武術比賽，名列前五名，獲「優勝」錦旗一面、「道德劍」一把，後受聘南京中央國術館為一等教授。另一高足張英建，生前係臺灣國術館館長。1949 年後，查拳進一步發揚光大。查拳高足李超群，1957 年榮獲山東省武術比賽第一名，全國武術觀摩大會二等獎，後受聘於淄博任教。高足張西太、常振芳、張子英等人先後在山西太原、河南、河北等地任教。張子英的弟子王秀芬於1984 年、1986 年兩次全國武術比賽中，榮獲金牌四枚。另一弟子李英魁榮獲河北省武術表演金獎、昆明全國武術比賽金獎、成都全國武術比賽鐧、拳兩項第一、槍術第二，總評冠軍。查拳經多年錘煉，兼收全國各家拳術之眾長，形成了一種

別具特點的拳術。查拳，剛柔相濟、舒展大方、動靜分明、形神兼備。查拳包括基本功法 7 項、拳路 116 路。基本功法有 10 路彈腿、擰棒、石擔、石鎖、砂袋、抖皮條等。拳路分徒手拳路、器械套路、對抗練習三個方面。徒手拳路包括查拳 10 路、滑拳 4 路、洪拳 4 路、炮拳 5 路、腿拳 2 路、少林 24 式等共 49 路。器械套路包括槍 7 路、刀 5 路、棍 4 路、朴刀 2 路、雙鉤 3 路、大刀 3 路、雙刀 2 路、匕首 1 路、劍 3 路、鐗 12 路等 42 路。對抗練習包括徒手 5 路、大刀 2 路、大棍破槍 1 路、中平槍對紮 2 路、月牙鏟 2 路、單刀破槍 3 路、鐗破槍 1 路、對刺劍 2 路等共 25 路。查拳在冠縣流行甚廣。

形意拳

民間競技習俗，流行於東阿縣境內。為清朝乾隆年間姬隆豐所傳。套路有五行拳、十二行、雜式錘、連環拳、八式等。其特點在於象形取意。外形上模似龍、虎、獅、馬、龜、雞、燕、蛇、鷹、熊等 12 種動物的行動形象。在拳法上則以劈、崩、鑽、炮、橫 5 拳為主，運使之法為展、截、裹、跨、挑、頂、雲、領八法。煉法要求「起如風，落如箭」，快速、穩定、出拳有力，剛柔相濟。至今在民間流行。

形意八卦

民間競技習俗，流行於東阿縣境內。為清朝藝人董海川傳留。運動結構多採用掌法。運動的形式則按八卦的四正四偶和九宮步運行。練法要求，順項提項，松肩沉肘，突腹暢胸，曲腿蹚泥。以擺扣步走轉為主，以掌法變換為內容，發揮掌勾之

形意八卦傳人唐玉祥（左一）　　攝影／杜振魯

長，技擸之巧，兼施拳的捶打之能，以掌代拳。主要流行在姜樓鄉紅廟村一帶。聊城、臨清一帶流行形意八卦掌，相傳是從北京傳入此地。

東阿雜技

　　民間競技，民間叫做「古彩戲法」，流行於東阿縣顧官屯、劉集、銅城一帶。主要包括：馬術（又稱馬戲）、魔術（俗稱「變戲法」）、雜耍、氣功、滑稽節目等。東阿縣雜技歷史悠久，淵源流長，素有「雜技之鄉」之譽。早年間，雜技藝人被叫做「跑馬賣藝的」、「變戲法的」、「爬大杆的」。多是一家一夥、三四人、六七人不等，用小推車推上道具行李或用扁擔一挑，走到那個村，鑼鼓一敲、紮圈獻藝，演完一段，觀眾

有給煎餅的、有端碗糊糊的，也有的給幾個銅錢，賴以為生。
清末民初，東阿縣的雜技藝術由一家一戶發展為幾十個雜技馬
戲班，影響較大的有賀莊的張鵬芳、李金枝，張大人集的張正
振，孟莊的孟繼錢、孟繼思、孟繼功等。張正振於 1919 年創
辦「東盛馬戲班」，演出於東北三省，主要節目有：人抬杠
子、爬大杆、上刀山、鑽刀火門子、鑽席筒等，後來由「明
地」演出發展到布帷圈棚演出，節目增添了訓獸、馬術、武
術、氣功等。1921 年，張亞振聘請了日本人竹野俊郎作翻
譯，從安東市（今丹東市）進入朝鮮國演出，長達 6 年之久。
1926 年返國祖國，改名為「東盛馬戲團」，後又改名為「前
進雜技馬戲團」。1949 年後，東阿縣有較大的雜技馬戲團體 8
個，小型團體若干，1955 年正式租建了 8 個雜技馬戲團，納
入縣政府領導。在此基礎上又組建了山東省雜技團、聊城地區
雜技團、德州地區雜技團等。1949 年前，最有影響的節目有
上刀山、爬大杆等驚險節目。刀山由 24 面鍘刀組成，刀刃向
上，組成刀山，上有南天門橫杠，杆頂子，演員憑過硬的功
夫，在杆上完成高難動作，赤腳在鍘刀刃上騰躍。1949 年
後，為確保演員安全，已取消了這些驚險節目。目前保留下來
的雜技馬戲節目有近百個。其中馬術有飛馬倒立、蘇興背劍、
飛馬大站、城隍倒立碑、張飛大片馬、蹬裏藏身、百步穿楊、
關公劈刀、一馬跨雙人、一人騎雙馬、童子拜觀音等。雜技
有：空中飛人、獅子舞、雙爬杆、大鬧天宮、葉裏穿花、雙人
對頂花碗、叼花、軟術頂杯、雜耍、水流星、椅子頂、鑽火
圈、抖空竹、高臺定車、蹬技（蹬傘、蹬方桌、蹬坊、蹬缸、蹬板凳
等）、高車踢碗、頂碗、摔跤、車技、武術、晃板、花棍、晃

梯蹬碗、扛梯子、扛大杆等。氣功有：鍘刀剁肚、鋼筋鎖喉、油錘貫頂、腳上開石、頭頂開磚、手指鑽石、捲鋼板、腦門碎瓶、單掌劈磚、大腳開石、鯉魚打挺、氣斷鐵絲、吃火生煙、口中噴火、刀槍不入等。滑稽節目有：爭椅子、氣球懸人、口技、照像、吃酒、甩木球、滑稽晃板等。魔術有：仙人脫衣、空匣取兔、大卸八塊、飛杯不見、大碗公飛魚、空箱取物、空中釣魚、剪繩不斷、無中生有、空中取物等。其中有些節目至今頗受人們喜愛，常演不衰。

臨清潭腿

民間競技習俗，流行於臨清、京津一帶。相傳，潭腿是昆侖大師隱居臨清龍潭寺時，招徒傳藝所留傳下來的一個武術派別。昆侖大師原是五代後周的一員武將，與後周要員柴榮有親。周世宗和柴榮南征北戰，昆侖是麾下的一員主將，柴榮病逝，後周大權落入趙匡胤之手。「陳橋兵變」後，趙匡胤令昆侖征討南唐，昆侖因故不前，當即解散軍隊。「自奕」其身，其實昆侖已隱居臨清龍潭寺。據《武備志》記載，趙氏建立宋政權後，在長沙舉行全國規模的武術比武會，趙氏「太祖長拳」因其政治優勢捷足先登第一名寶座，第二名就是潭腿，南拳北腿便流傳至今，北腿就是潭腿。潭腿講究「拳三腿七」，提倡「拳是兩扇門，全憑腿打人」。套路氣勢連貫，起伏轉折節奏清楚，在攻、防、技擊方面，以手、腿、身、法步調一致而稱著。1989 年 3 月，北京市武術協會成立了「臨清潭腿研究會」，推廣普及臨清潭腿功法。臨清武術愛好者，練習潭腿者眾多。

二十四、方言稱謂

家族稱謂

語言習俗，流行於聊城一帶。子女稱父親為「爹」、「大」、「大大」、「大爺」，東阿縣境及聊城地區有的縣市，因父親排行老二或老三，也有叫「叔叔」的。近年通行叫「爸爸」。子女稱呼母親為「娘」，近年通行叫「媽」、「媽媽」。子女稱祖父為「爺爺」，曾祖父為「老爺爺」，稱祖母為「奶奶」，曾祖母為「老奶奶」。子女稱父兄為「大爺」，父兄妻為「大娘」；稱呼父之弟弟為「叔叔」，弟妻為「嬸子」或「嬸」。子女稱父之姐妹為「姑」、「姑姑」或「姑娘」。夫稱妻為「孩子他娘」，妻稱夫為「孩子他爹」，別人稱這對夫妻為公母倆。近年來城市的夫妻間常常稱名字或姓前加個小字（小何、小楊等），中老年夫妻之間往往在姓前加個老字（老王、老鄭等）。在農村有些地方，一些年長的老夫妻在喊對方時，往往喊自己孩子的名字，而本人則心照不宜。現今有些夫妻也直呼其名。在高唐縣一帶，稱婆母為「裏老的兒」，稱公公為「外老的兒」，但在婆母和公公面前不能這樣稱呼。

親族稱謂

語言習俗，流行於聊城一帶。兒女稱外祖父為「姥爺」，

稱外祖母為「姥娘」；稱母親的兄弟為「舅」、「舅舅」，稱舅妻為「妗子」。稱母親的姊妹為「姨」，稱姨的丈夫為「姨夫」。兒女稱父親的舅父為「舅爺」，舅父的妻子為「舅奶奶」。稱母親的舅父為「舅老爺」，舅父的妻為「舅老娘」。男子稱妻子的父親為「大爺」，小於自己父親的為「叔叔」。稱妻母為「大娘」，小於自己父親的為「嬸子」。現今城鎮大都隨妻一起叫「爸爸」或「媽媽」。姐夫、妹夫之間為兩橋，高唐縣一帶有的叫「兩孔」。

附錄一

服飾是《金瓶梅》人物的心靈視窗

摘　要　服飾是人物的社會身分、社會地位的具體表現，也是家庭經濟狀況的「溫度計」。同時還能反映一個人的宗教信仰和民族特點，也可以通過服飾對一個人的性別、年齡、職業等做到一目了然。通過服飾可以瞭解居住在不同地區人們的著裝特點。男人以服飾彰顯自己的身分和實力，女人以服飾來表現自己的性魅力和家庭背景。而這一切都與婚俗有關，西門慶當了提刑副千戶以後，為妻妾和眾丫頭集體製作衣服就是例子。通過服飾妻妾的身分和地位及親疏便一清二楚，觀察孫雪娥的服飾就是最好的說明。正如葉濤先生在《民俗學導論》中所言，「據考證，較為原始的音樂、美術、服飾、舞蹈等文化事象的起源似乎都與婚姻風俗有關。」惠蓮和王六兒的服飾變化與性有關，如英國生物人類學家莫里斯認為「與其說，文明的進步造就了現代人的性行為，倒不如說是性行為塑造了人類文明」。這是很值得深思和研究的。金蓮在眾妻妾和西門慶面前扮丫頭，愉悅眾人，西門慶笑得「眼睛沒縫兒」了，金蓮乘西門慶興致之時，提出要西門慶做衣服，西門慶立即答應，並馬上請趙裁縫為眾妻妾做衣服，這是金蓮在演「小品」的作用，也可以說是「藝術」的作用，當然，動力還是西門慶的加官進爵，上面的小品只是剛剛點燃的導火索。事情簡單卻意味深長。又如妻妾打秋千，「飛起在半天雲裏，然後抱地飛將下來，卻是飛仙一般甚可人愛」。這是五彩繽紛的服飾所產生的

效果。從而才有仙女般從天而降的場景效果。陳經濟送秋千，他把李瓶兒裙子掀起，露著大紅底衣，摳了一把，瓶兒道，姐夫，慢慢著些，我腿軟了。這可能是大紅底衣刺激了陳經濟，陳經濟才摳了瓶兒一把，致使瓶兒腿軟，也可能是瓶兒受到空中的驚嚇而腿軟，但服飾在這裏起到了決定的作用。

關鍵詞　服飾　婚姻　性愛

服　飾

　　服飾可以反映一個民族，一個地區的政治是否民主，文化是否昌明，經濟是否發達的一面鏡子。服飾對於每一個人來說更為重要。在封建社會裏，服飾可以反映一個人的社會地位，政治地位，以及經濟狀況的具體表現。在封建社會裏，根據尊卑貴賤嚴格規定了一套服飾的顏色、款式、質地等，這是任何人不可逾越的。

　　近代，隨著社會的不斷進步，往日的這些規定雖然沒有了，但曾經有一個時期，封建時期的服飾規定所表現出來的慣性仍然左右著人們。如幹部和有些社會地位的人穿中山裝，加上質地上乘，富貴自然一目了然。工人穿工裝，農民還是以對襟衫為主要內容。近些年來，受外來文化的影響，張揚個性的時代已悄然而至，往日統治階級的陳規陋習已被時代掃到社會的垃圾中去了，政治制度和社會對於公民穿什麼衣服已不在管理之列。服飾已不是區別官和民的標識，一頂帽子已不是區別官級的標準了。於是個性化的服飾可以使你眼花繚亂，穿什麼顏色，什麼款式純屬個人的選擇。但這裏也有一個不容忽視的

問題，不管你穿戴什麼服飾，一般情況下都與職業相關，往往一個人的內在氣質都是通過服飾滲透到外表。相反，有許多人無論你穿戴什麼服飾，但總是掩蓋不住他的內在氣質的外露。不過在封建社會裏是不看重內在氣質的，而是注重外表穿戴，於是服飾便成為一個人的名片，男女老少皆亦然。總之，服裝是會說話的物件。

《金瓶梅》中的明朝社會，它的服飾就與人物的身分緊密相連，隨著每一個人的地位變化，首先從服飾上就表露出來他的社會地位、財富狀況等，個人的命運無不與服飾緊密相連。因此民間有「吃飯穿衣亮家當」之說，也就是這個社會的寫照。

《金瓶梅》的明朝社會裏，所有的人物穿什麼戴什麼，是什麼顏色都是按封建社會的規定執行的，大部分人都不會例外。因為人物性格的不同，在寫服飾時，有些寫得具體，有些寫得含蓄，往往給讀者留下了想像的空間。如第一回寫潘金蓮在「王府裏習學彈唱時就描眉畫眼傅粉施朱，梳一個鬆髻兒，著一件扣身衫子。做張做勢喬模喬樣，況且她的本性機變伶利，不過十五就會描鸞刺繡，品竹彈絲，又會一手琵琶」，王婆還說「她一手好寫」，當讀者看到這一番描述，讀者心目中便勾畫出一個多才多藝，聰明過人又討人喜歡的婷婷少女站在你的面前，凡是見到這種裝束的少女，人們沒有不產生陣陣漣漪的，如果讓浮浪子弟看見豈不垂涎三尺。

同樣在第一回裏，對潘金蓮具體穿戴什麼服飾並未一一列舉，只是說「一日三餐吃了飯，打扮光鮮，只在門簾兒下站著，常把眉目嘲人，雙睛傳意，左右街坊有幾個奸詐浮浪子

弟，睃見了武大這個老婆，打扮油樣沾風惹草……」。這裏寫服飾時不寫穿什麼式樣，也不寫什麼顏色，只採取暗寫服飾的方法，僅寫金蓮打扮光鮮，又把眉目嘲人，雙睛傳意，讀者便會從光鮮的打扮中想像出這個「眉目嘲人，雙睛傳意」的女人一定穿著最新的款式，流行的顏色，乾淨利索地婷立在你的面前。尤其是她那水靈靈的傳神的眼睛，眼神中露出戲弄和挑逗的神情，遇到這樣的女子，頓時心猿意馬也是情理中的事。這一段描寫如果沒有光鮮的打扮，僅有傳神的眼神和嘲人的風情，絕不會產生如此的效果。如這般描寫中把光鮮的打扮改成衣著襤褸，旁觀者不加思索就會認為這個女子是個不正常的人。所以服飾對人的人格、尊嚴、社會地位以及內心世界都是一個最直接的反映。對服飾的描寫，明寫服裝時可以一目了然，暗寫服裝時可以增加讀者的想像空間，不管是明寫還是暗寫都有異曲同工之妙。

又如《金瓶梅》第一回中寫在武松打虎後成為清河縣人所共知的英雄，並被知縣任命為清河縣的都頭。這時，他與失散多年的哥哥在縣城裏相遇，從此兄弟團圓，當日中午回到哥哥家。武松「入將門來便把氈笠兒除將下來，那婦人將手去接，武松道不勞嫂嫂生受，自己把雪來拂了掛在壁子上。隨即解了纏帶，脫了身上鸚哥綠紵絲衲襖。」這段對武松服飾的描寫，一是可以看出剛當都頭的武松服飾十分簡便。頭上戴著氈笠，腰裏紮著帶子，上身穿著綠紵絲衲襖。這種簡便的服飾說明剛當都頭的武松的地位低下，僅是官場中的低級人物，而且經濟也不富裕。二是從這簡便的服飾中，還可以看出武松的直率個性。如果沒有這些服飾式樣顏色的描寫，讀者就很難瞭解到以

上信息。這是《金瓶梅》中第一次出現對服飾的具體描寫。

《金瓶梅》第一回中，描寫金蓮挑逗武松時，反被武松一頓搶白，自覺沒趣，又無顏面對武氏兄弟。金蓮反以武松調戲她為由向武大哭泣。武大到他弟弟的房中與武松說話，武松不做聲，尋思半響「脫了絲鞋，依舊穿上油蠟靴著了上蓋戴上氈笠兒，一面繫纏帶，一面出大門，武大叫道，二哥你那裏去，也不答一直只顧去了」。此時此刻的武松一言難盡，武大又不知就裏，他們之間沒有任何對話，而是以武松的穿衣戴帽繫帶的動作來填補這個無聲的場面，這些穿戴時的動作把人物的內心衝突表現得栩栩如生，服飾和穿戴服飾的動作在這個無聲的環境中，起到了至關重要的作用。這時的服飾不是炫耀主人公的地位和身分，卻以穿戴服飾的動作烘托武松內心世界中氣憤但又難以言表的這種特殊的內心世界。

《金梅中》第二回寫武松受知縣的派遣，前往東京為知縣向京城的權貴們送金銀禮物。接受任務以後的武松到他哥嫂的住處來辭行，金蓮誤認為武松回心轉意。於是她上樓去，「重勻粉面再挽髮髻，換了些顏色衣服穿了，來到門前迎接武松。」這時對服飾的描寫，只用了換了些顏色衣服，並沒有描寫穿什麼式樣什麼質地，僅用換了些顏色衣服便能起到取悅對方的巧妙用意。這裏用服飾的變化來強化人物的心理變化，以及人物為了達到某種目的，服飾就成了他的另一種表達方式。

還是《金瓶梅》第二回，金蓮勾搭武松未果，而且武松又去東京替知縣行賄。時值陽春三月，百無聊賴的金蓮打扮光鮮，單等武大出門，就在門前簾子下站著。當她用叉杆放簾子時，手中的叉竿被風吹落，恰巧掉落在門前路過的西門慶的頭

巾上。這時的西門慶不過是個生藥鋪子的掌櫃的，他「頭上戴
著纓子帽兒，金玲瓏簪兒，金井玉欄杆圈兒，長腰身，穿綠羅
褶兒，腳下細結底陳橋鞋兒，清水布襪兒，腿上勒著兩扇玄色
挑線護膝兒，手裏搖著灑金川扇兒」。這時的西門慶僅是城鎮
的一般市民打扮，充其量只是個富裕市民，但身材高大。

　　而當時的潘金蓮「頭上戴著黑油油頭髮鬆髻兒，口面上緝
著皮金，一逕裏踅出香雲一結，周圍小簪兒齊插，六鬢斜插一
朵並頭花排草梳兒後押，難描八字彎彎柳葉襯在腮兩朵桃花，
玲瓏墜兒，最堪誇露玉酥胸無價。毛青布大袖衫兒，褶兒又短
襯湘裙，碾絹綾紗通花汗巾兒，袖中兒邊搭刺，香袋兒身邊低
掛，抹胸兒重重紐扣，褲腿兒頭垂下，往下看⋯⋯山牙老鴉鞋
兒白綾高底步香塵。紅紗膝褲扣鴛花⋯⋯」。一個賣炊餅的老
婆打扮成這樣是符合她的身分和地位的，也很符合她們的經濟
地位。

　　《金瓶梅》第三回，寫王婆定挨光計，王婆挖空心思地為
西門慶和潘金蓮赴會而謀劃，主要是謀劃西門慶的錢財。這時
的金蓮「上穿白夏布衫兒，桃紅裙子，藍比甲」。

　　《金瓶梅》第四回中，寫金蓮再度相會西門慶時，只說金
蓮「從新妝點，換了一套顏色新衣。」金蓮穿的鞋也是「老鴉
緞子鞋兒」。幾杯酒下肚後，西門慶借害熱，而「脫了身上綠
羅褶兒」。這裏對衣服的描寫，可以看出他們的衣著打扮僅僅
是平常百姓的衣服。服飾在這裏的作用也是襯托人物的身分和
社會地位，也再現了人物的心理活動。

　　隨著人物故事的發展變化和不斷深入，服飾的作用也隨著
故事的變化和人物心態的變化而變化。《金瓶梅》第六回中，

寫王婆為西門慶和金蓮出謀劃策，計畫毒死武大。西門慶拿出毒藥，金蓮將毒藥投入武大的中藥湯中，將武大致於死地後，金蓮依舊和西門相苟且，「把武大的靈牌丟在一邊，用一張白紙蒙著，羹飯也不揪採，每日只是濃妝豔抹，穿顏色衣服，陪西門慶作歡玩耍。」當讀者看到淫夫淫婦共同毒死武大後的金蓮是那樣的歹毒，立即產生一種令人髮指的情緒。這就是合謀殺人後的西門慶和潘金蓮仍以濃妝和顏色衣服所襯托出來的罪惡嘴臉，也煥發了讀者的感情。於是服飾在一定的環境中可以使人得出是非、醜惡、美與善的判斷。

服飾隨著地位和身分的變化而變化

　　《金瓶梅》主要是描寫西門慶等家人的興衰變化的故事。從而連繫到武大一家、花子虛一家、喬大戶一家、應伯爵一家、韓道國一家、周守備一家、翟管家一家、王婆一家等。這個以西門慶一家為中心發生的故事，牽扯到哪一家就寫到哪一家，把這眾多的故事以西門慶為中軸線聯結起來就是一個完整的金瓶梅故事。這就是《金瓶梅》中的明朝社會。如要瞭解服飾不妨也從西門慶一家說起，雖不能瞭解全部，但也可知其大概。首先西門慶從一介平民到身居五品的朝廷命官，他的服飾就發生了巨大的變化，隨著他的地位變化，他家庭成員中的妻子按明朝的禮制也可享受到與丈夫相應品級的服飾，妾和婢女也按禮制相應的發生了變化。每到節日慶賀和必要的禮制需要時，凡是到場的人等都按當時的禮制規定，穿著與自己地位身分相符的服飾。只要我們仔細觀察所有到場的人的服飾，便不難看出他們的社會地位和官級。

　　西門慶從《金瓶梅》這個社會中第一次出場時，他只是生藥鋪的小老闆，其實就是一介平民。除了生藥鋪子的生意外，還管些縣裏的公事過些錢，結交官吏，因排行老大人稱西門大郎或大官人。充其量是個比較有錢的市民。所以，當他從縣前街上過路時，恰被潘金蓮手中的叉竿誤中頭巾。這時的西門慶「頭上戴著纓子帽兒，金玲瓏簪兒，金井玉欄杆圈兒，身穿綠羅褶兒，腳下細結底陳橋鞋兒，清水布襪兒，腿上勒著兩扇玄色挑絲護膝兒，手裏搖著灑金川扇兒」。從西門慶的穿戴上可以看出他僅僅是平民中比較有錢的人罷了。

　　故事發展到第七回，薛嫂為西門慶說媒，她要說的是南門外販布的楊家娘子孟玉樓，因丈夫客死他鄉，她寡居在家。當西門慶聽說孟玉樓長挑身材，「金銀過千兩，好布幾百匹，手飾珠寶無數，手裏有一份好錢，南京拔步床也有兩張，四季衣服妝花袍兒裝在箱子裏手都插不下去」。西門慶聽說後滿心歡喜，前去見楊姑娘時，他「頭戴纏棕大帽，一撒鉤條粉底皂靴」。婚嫁對人們來說是件很隆重的事，對西門慶來說也應該如此，但當西門慶相親，一直到把孟玉樓娶到家中。對西門慶的穿戴並沒作詳細交待。

　　就在西門慶忙於娶孟玉樓的時間裏，西門慶無暇顧及潘金蓮。這個死心踏地要和西門慶作夫妻的金蓮，連自己的丈夫都毒死了，這是她的背水一戰。就在她急不可待地盼望西門慶的時候，西門慶偏偏又有新歡，他請王婆，玳安為她多次捎信都沒有回音。就在西門慶新歡剛剛過去的時候，王婆受金蓮之托又去找西門慶，這時西門慶才來到潘金蓮身邊。金蓮見到西門慶時又喜又怒，撒起嬌來，非要西門慶說個誓，於是西門慶

說，「我若是負了你，情願生碗來大疔瘡，害三五年黃病……。」這時金蓮說這管你什麼事，「一手向他頭上把帽兒撮下來，往地上一丟，王婆急忙拾起來，見是一頂新纓子瓦楞帽兒」。這是《金瓶梅》第八回的事，西門慶的穿戴還是平民打扮。金蓮撒嬌又丟帽子又拔下他頭上的簪子，又撕他的扇子，當把她心中的怨氣排泄一盡時，便把她早已準備好的上好菜肴擺在桌上，又取出「一雙玄色鍛子鞋，一雙挑線密約深盟隨君，膝下香草邊蘭松竹梅花歲寒三友，醬色緞子護膝，一條紗綠潞綢永祥雲嵌入寶水光絹裏兒紫線袋兒。」從金蓮送給西門慶的這些衣服上看，都顯示出西門慶仍然是平民的身分。

對服飾的描寫從《金瓶梅》第十四回才開始多起來。第二回寫西門慶的服裝時，只寫了西門慶「頭上戴著纓子帽兒，金玲瓏簪兒，金井玉欄圈兒，穿綠羅褶幾，腳下細結底陳橋鞋兒，清水布襪兒，腿上勒著兩扇玄色挑線膝兒」。這是西門慶和潘金蓮第一次見面時的打扮。金蓮身穿著「毛青布大袖衫兒，褶兒又短襯湘裙，碾絹綾紗通花汗巾兒、袖中兒邊搭刺香袋兒，身邊低掛抹胸兒，重重紐扣，褲腿兒藏頭垂下，……山牙老鴉鞋兒，白綾高底兒」。按照他們各自的身分，這應該是穿著比較入時的服裝，而且不是著意打扮。因為西門慶出門時並不知道會遇上潘金蓮，而金蓮也不知道西門慶會從她門前經過，況且他們相互不知道對方是何許人也，所以他們的服裝都是平常的穿戴。

《金瓶梅》第七回寫孟玉樓孀居時，薛嫂深知西門慶納妾不厭其多，主要是想通過為西門慶說媒賺銀子用，又因為孟玉樓是販布楊的遺孀，也算是個富裕人家。於是當西門慶聽薛嫂

提到孟玉樓時，西門慶便喜滋滋地去相親。正如薛嫂所預料的一樣，準叫西門慶「一見（箭）就上垛」。孟玉樓和西門慶見面時，玉樓「上身穿翠藍麒麟補子，妝花紗衫，大紅妝花寬欄，頭上珠翠堆盈，鳳釵半卸，……大紅遍地金雲頭白綾高底鞋兒」，下身穿著裙子。

　　《金瓶梅》第十三回寫西門慶早就覬覦瓶兒，挖空心思地接近瓶兒，千方百計地與瓶兒搭訕，進而討好瓶兒，巧的是第一次見面便一拍即合。見面時「瓶兒戴著銀絲鬆髻，金鑲紫瑛墜子，藕絲對襟衫，白紗挑線鑲邊裙。」自從西門慶和瓶兒苟合後，西門慶巴不得早日把瓶兒娶進家中，列入他的妻妾之中，而瓶兒也巴不得早早進入西門大宅，無論把她安排在第幾，哪怕為西門慶疊被鋪床，與金蓮做個姐妹就心滿意足了。她打聽到金蓮的生日是正月初九，早早地就買上生日禮物準備為金蓮祝壽，這時正是花子虛死後的「五七」，按當時的風俗丈夫死後，妻子要守孝到百日，百日之內不參與喜慶活動，否則有悖禮制。

　　到金蓮生日這一天，瓶兒上身穿白綾襖兒，藍織金裙，白苧布鬆髻，為金蓮去祝壽。因為瓶兒酒量很大，所以，凡是西門慶妻妾們的敬酒來者不拒。轉眼天色已晚，月娘和玉樓勸瓶兒住在西門慶家，早早把轎子打發回去了，瓶兒嘴上推辭說家中無人，但始終不動身子。眾人又勸，瓶兒才把鑰匙交給老馮，叫她回去後照應門戶，自己留宿在西門慶家。至晚西門慶回家，又和妻妾們陪瓶兒喝酒，瓶兒只推酒夠了，但還是把眾人的酒一飲而盡，終於把她喝得走起路來都打趔趄。月娘說給誰祝壽就住在誰跟前，於是瓶兒住在金蓮房中。金蓮生日這

天，「上身穿香色潞綢雁啣蘆花樣對衿衫，白綾豎領妝花眉子溜金蜂趕菊紐扣兒，下著一尺寬海馬潮雲羊皮金沿邊挑線裙子，大紅緞子白綾高底鞋，妝花膝褲，青寶石墜子珠子箍。」與玉樓一樣打扮。「月娘是大紅緞子襖，青素綾披襖，紗綠綢裙，頭上戴鬏髻，貂鼠臥兔兒」。其他人的服飾未作交待。這是瓶兒又一次走進西門慶家，目的是和眾妻妾親近一些，為日後進西門慶家打基礎，也是對西門慶家庭生活的一次實際體驗。她體會最深的要數對金蓮的認識，她認為金蓮百伶百俐，是一位出色的姐姐。玉樓和金蓮一樣打扮，又是前後一起入西門慶妻妾行列的人，平日關係較近，在瓶兒眼中這兩個人像同一個娘所生的一般，不像走到一起的姐妹，瓶兒對她二人十分羨慕並大加讚賞。因此在描寫每個人的服飾時，作者只描述玉樓的服飾，因為金蓮是今日的壽星，又是今日祝壽活動中的主要人物，所以瓶兒對這兩個人分外注意。事情往往出人意外，到後來瓶兒進入西門慶家，把瓶兒母子送上鬼門關的又恰恰是瓶兒認為百伶百俐的這位姐姐，一見面就捨不得的婦人。

對服飾的描寫，不僅是穿戴在身上的服飾，婦女們首次見面也是以服飾饋贈。金蓮嫁到西門慶家的第二天，金蓮打扮後穿顏色衣服，到上房拜見吳月娘，依次拜李嬌兒、孟玉樓、孫雪娥，見面時還要遞見面鞋腳，給每人一雙鞋面。瓶兒給金蓮祝壽時，除壽禮外還送給月娘等妾每人一對金壽字簪兒，而且說明這是老公公在世時從宮裏帶出來的，民間沒有這樣的飾品，以示高貴。

《金瓶梅》第十五回，寫正月十五是李瓶兒的生日，西門慶的妻妾由月娘率領到獅子街李瓶兒家為瓶兒祝壽。來祝壽的

人都穿得花枝招展。「吳月娘穿大紅妝花通袖襖兒，嬌綠緞裙兒，貂鼠皮襖。」李嬌兒、孟玉樓、金蓮都是白綾襖兒，藍緞子裙兒，李嬌兒是沉香色遍地金比甲，孟玉樓是「綠遍地金比甲，頭上戴珠翠堆盈，鳳釵半卸」。由於月娘等人在瓶兒家的二層樓上向下看燈市，面對人山人海的觀燈人群，這些穿著華麗的妻妾們自然十分引人注目。使得觀燈的人把目光都集中在樓上的華麗佳人身上，都擁擠在樓下向樓上觀看，摩肩擦背水泄不通。一些浮浪子弟便指手劃腳，有的說這幫婦女一定是公候府中的家眷，有的說是皇親國戚家的豔妾，否則不會有如此打扮和如此豔麗的裝束。人群中也有認得的，說這是開生藥鋪又放高利債的西門大官人的妻妾，於是指指點點地評論起來。以至於讓吳月娘覺察到樓下的人聚集過多，便召呼金蓮等人到裏屋聽彈唱，不一會兒月娘和李嬌兒要回家去，說是他（西門慶）也不在家，光丟些丫頭們。儘管瓶兒反復挽留，還是把孟玉樓和金蓮留下，好讓瓶兒盡興，其他人都回家去了。

金蓮嫁到西門慶家時才把妻妾的順序排了一遍，依次是月娘、李嬌兒、孟玉樓、孫雪娥、潘金蓮等五位。對她們的服飾在金蓮生日和正月十五到獅子街李瓶兒家為瓶兒做生日時都作了詳細描述，唯獨沒有孫雪娥的服飾描寫，而且為李瓶兒祝壽時孫雪娥也沒到場，她留在家中值守，雖然她排在金蓮之前，這只是時間順序，不是地位順序，從服飾交待中就可以看出她在妻妾中的地位。

八月初的一天，西門慶到夏提刑家去為夏提刑祝壽，吃酒吃得西門慶如騰雲駕霧往回走，路上遇到搗子魯華和張勝，西門慶把李瓶兒招贅蔣竹山的事說了一遍，叫魯華和張勝為他出

口氣，二人心領神會，保證叫西門慶笑一聲。並提出叫西門慶把他們推薦到夏提刑府上做個答應就夠了。後來西門慶果然把張勝送到守備府當了周守備的跟隨。魯華和張勝帶著西門慶的四五兩碎銀子走了，不幾天魯華和張勝把蔣竹山打得皮開肉綻，還從蔣竹山那裏敲詐了三十兩銀子。這一敲山震虎之計，迫使瓶兒把將竹山趕出家門，臨出門時還叫馮媽媽端了一盆水朝蔣竹山潑了過去，寓意覆水難收。

　　魯華和張勝走後，西門慶興致很高，走到金蓮房中，擺好果子和葡萄酒，這時一看「金蓮上穿沉香水緯羅對衿衫，五色縐紗眉子，下著白碾光絹挑線裙子，裙邊大紅光素緞子，白綾高底羊皮金雲頭鞋，頭上銀絲鬆髻，金鑲玉蟾宮折桂分心翠梅鈿兒，雲鬢簪著許多花翠」。這是單獨對金蓮穿著華麗的一次描寫，也是因為窩在西門慶心中的怒火終於有人為他發洩了，因此他心情興奮。他把遇魯華、張勝二人之事向金蓮說了一遍。還說，到時管他（蔣竹山）臉上開果子鋪，也教你笑一笑。由於西門慶的心情特別好，作者也安排金蓮穿得分外漂亮，襯托西門慶的愉悅心情。

　　李瓶兒招贅蔣竹山時，對瓶兒的服飾沒作描述。對瓶兒的心情來說，蔣竹山上門只不過是「沒有朱砂紅土也奏數兒」的心境。瓶兒趕走蔣竹山，她使馮媽為月娘送生日禮物，有四盤美果，兩盤壽桃麵，一匹尺頭，又與月娘做了一雙鞋。又派馮媽媽叫玳安去她家吃酒。吃酒時一邊哭一邊向玳安說了好多央求玳安的話，叫玳安好好上復西門慶，表白她一心要嫁西門慶，並時刻聽玳安的回信。西門慶聽到這個消息後，他又想娶她來家，又氣惱她招贅蔣竹山一事。於是向玳安說，即是如

此，我也不得閒去她家，不管什麼下茶下禮的，揀個好日子把那淫婦娶來吧！到八月二十日一頂大轎，一匹鍛子、四對紅燈籠，派玳安、平安、畫童、來興四個跟轎，到後響時分娶婦人過門。到八月二十日這天晌午，瓶兒的轎子到了西門慶家的大門口，男人女人沒有一個人去接瓶兒，瓶兒只好坐在轎子裏等著。還是孟玉樓走到月娘房裏，玉樓總是顧全大局，對月娘說，你是一家之主，如今她已在門口，她還在轎棚內坐著，沒個人出去迎接她怎麼好進來。這時月娘才迎接瓶兒。在這種氣氛中作者沒交待瓶兒穿什麼衣服，只說婦人抱著寶瓶逕往她那邊新房裏去了。瓶兒招贅蔣竹山的事西門慶至今怒氣未消，所以瓶兒到西門慶家的前三天故意不去瓶兒房裏，執意要奈何瓶兒。

瓶兒連續三天沒見到西門慶，這些現象使她猜出了凶多吉少的兆頭來，當兩個丫頭一覺醒來時瓶兒已上吊在床上，丫頭到隔壁叫春梅，春梅和金蓮急忙到瓶兒房裏，見瓶兒穿著一身大紅衣服直捉捉地吊在床上。《金瓶梅》第十九回寫西門慶還懷著奈何瓶兒的心理到瓶兒房裏，先是叫瓶兒脫去衣服，瓶兒不脫，打了幾鞭子才脫了衣服跪在地上，要瓶兒回他的話，當瓶兒講到「你是三十三天之上，他（蔣竹山）是在九十九層地之下，你是行三坐五為人上之人，你每天吃用稀奇之物，他在世幾百年也沒曾見過，他拿什麼和你比，你是醫奴的藥一般，一經你手，教奴沒日沒夜只是想你」。這些話把西門慶打動了，丟下馬鞭子把婦人拉起來，穿上衣服，摟在懷裏，重歸於好。第二天瓶兒「穿大紅遍地金對衿羅衫兒，翠藍拖泥妝花羅裙……，頭上戴著一副金玲瓏草蟲兒面，並金累絲松竹梅歲寒

三友梳背兒」。這時的瓶兒與西門慶之間的誤會消除了，她想嫁給西門慶的願望終於實現了，烏雲過後渡過了一個正常夫妻的愉快夜晚，使得瓶兒心滿意足心情舒暢，經過精心打扮後到月娘房中拜見月娘與眾姐妹。由一個丫頭跟著抱著銀湯瓶，一個丫頭拿著茶盤為月娘及眾姐妹獻茶。這是新媳婦過門的次日獻茶的風俗。因為瓶兒不是第一次到西門慶家，大家都熟悉，只給月娘磕了四個頭，大家打趣喜鬧一會兒便結束了。

到二十五日西門慶下帖兒請賓客吃會親酒，又請的妓女小優到席間演唱。金蓮和玉樓替瓶兒戴上花翠，沿途鋪著錦氈地毯，由四個唱的在前引路，在竹絲和鳴中去拜見客人。瓶兒「上穿大紅五彩通袖羅袍兒，下著金枝線葉紗綠百花裙，腰間束著碧玉女帶，腕上籠著金壓袖，胸前項牌纓落裙邊環佩玎璫，頭上珠翠堆盈，鬢畔寶釵半卸，紫瑛金環耳邊低掛，珠子挑鳳髻上雙插，粉面宜貼翠花鈿，湘裙越顯紅鴛，小恍似嫦娥離月殿，猶如神女到筵前。」由於主人公西門慶和李瓶兒的歡樂之情難於言表，他們的興奮完全發自內心。西門慶是人財兩得，瓶兒是心滿意足，凡是到場的人各有各的目的，但有一點是共同的，都表現得歡天喜地樂不可支。在這種氣氛中穿上花枝招展的服飾，為這個歡慶的場面十分增光添彩，既展示出了女主人的雍容華貴與眾不同，為西門慶府上增色，還使這些來祝賀的人有不虛此行耳目一新的感覺，於是歡慶的氣氛在女主人拜見時達到頂點，這就是服飾的作用。

十一月二十六日是孟玉樓的生日，這一天西門慶家中的妻妾都聚集在一起，為孟玉樓過生日，但作為壽星的玉樓穿什麼衣服隻字未提。月娘及眾妾穿紅綢對衿襖，紫絹裙子。這時通

過西門慶的觀察後，對玉簫說「這媳婦子（指惠蓮）怎的紅襖配著紫裙子，怪模怪樣，到明日對你娘說，另與她一條別的顏色裙子配著穿」。選這個時候寫惠蓮的衣服，並引起西門慶的注意，服裝成了他們勾搭成姦的引子，繼而又送了惠蓮一匹翠藍四季花兼喜相逢的緞子。這預示著西門慶和惠蓮要發生人們難以預料的故事。實際上自此後他們二人偷且苟合，並且讓金蓮及其他家人看在眼裏。時間不久，又是一個元宵之夜，吳月娘、李嬌兒、孟玉樓、潘金蓮、李瓶兒、孫雪娥、西門大姐和西門慶等，都坐在一起歡慶元宵佳節，吳月娘「穿著大紅遍地通袖袍兒，貂鼠皮襖，下著百花裙，頭上珠翠堆盈鳳釵半卸」。其餘的眾妾和西門大姐都穿著綿繡衣裳，白綾襖兒藍裙子。這次的穿著特點是妻妾有別，以大紅遍地通袖袍兒和白綾襖兒區別了妻和妾的身分，從顏色和款式把她們之間的等級區分開了，這是符合當時禮制的。通俗一點說就是著裝禮儀規定。夜幕降臨，眾妻妾在金蓮的提議下往街上走走，於是金蓮和玉樓、瓶兒領著各自的丫鬟上街，她們都穿著白綾襖兒，遍地金比甲，頭上珠翠堆滿，粉面抹唇，這些披紅戴綠的男女們，讓眾人見了以為是公侯之家的眷屬。作者在這裏又著重描述了惠蓮的服飾，她聽說金蓮等人要上街，便向陳經濟說我們到屋裏梳梳頭就來，其實她去換衣服去了。她換了「一套綠閃紅緞子對衿襖兒，白挑線裙子，又用一方紅銷金汗巾子搭著頭，額角上貼著飛金……戴著面花兒金燈籠墜子」。這時的惠蓮已經和西門慶通姦，所以行為張揚，穿著上分外惹眼，在和妻妾們一起上街時，單獨寫她的服飾。以襯托她已攀上高枝兒，並依仗西門慶的寵愛顯示自己。尤其，惠蓮一會兒落了花

翠，一會又掉了鞋，扶著別人穿鞋等。原來她怕把自己的鞋沾上泥，專門套著五娘（金蓮）的鞋上街了，此舉引起金蓮懷恨。潘金蓮是以小金蓮（腳）稱著的人，這是當時的時尚，惠蓮的金蓮（腳）還小，套著金蓮的鞋還老是掉鞋，可見，惠蓮的小腳是「金蓮」之最了。這對平時就好拔尖的金蓮來說無疑是個挑戰，也可以看出受寵的惠蓮是何等的張狂，內心的喜悅無法按捺，嚮往出人頭地，一旦有出人頭地的希望，就急不可待地向眾人炫耀，服飾在這裏起到了至關重要的作用。

就在眾人上街回來的路上，遇到了賁四娘子，「只見賁四娘子穿著紅襖玄色緞比甲，玉色裙，勒著銷金汗巾」。這本來是個僕人的老婆，作者單獨寫她的服飾，眾妾又到她家裏吃茶，這也不是閒來之筆，因為在以後的故事裏西門慶和這個婦女有染。服飾在惠蓮和賁四娘子身上所表現出來的獨特作用是一種特殊的信號，只要讀者注意這個信號，它的背後一定會發生一段意想不到的故事。《金瓶梅》第二十九回在描寫家人服裝時，寫到金蓮的貼身丫鬟春梅在後花園中為西門慶提蜜餞梅湯時。這是個得寵的女傭，又是西門慶收用過的丫鬟，經常在西門慶身邊出入，「她頭戴銀絲䯼髻兒，白線挑衫兒，桃紅裙子，藍紗比甲」。在《金瓶梅》第二十五回中，寫月娘與金蓮、李嬌兒、瓶兒、玉樓在後花園打秋千。當惠蓮和玉簫打秋千時，每次都飛到半空雲裏，然後抱地飛將下來，端地卻是飛仙一般，甚可人愛……。一陣風過來，把她裙子刮起，裏邊露大紅潞綢褲兒，紮著藏頭紗綠褲腳兒，好五色衲紗護膝，銀紅線帶兒。這些花哨的衣服讓月娘看到後笑罵一句「賊成精的」。其實惠蓮穿著這些鮮豔的衣服，是顯示她內心的喜悅和

攀高枝的心情。因為按身分和禮制的規定,她不該穿大紅之類的衣服。或許她覺得她的身分已經到了穿這衣服的地位了。

《金瓶梅》第二十一回,寫月娘家常穿的衣服也是「大紅潞綢對衿襖兒,軟黃裙子,頭上戴春貂鼠臥兔兒」。到二十七回時,金蓮、瓶兒在平時只穿「白銀條紗衫兒,蜜合色紗挑線穿花鳳縷金拖泥裙子」。瓶兒是大紅焦布比甲,金蓮是銀紅比甲,都用羊皮金滾邊,妝花裙子。唯金蓮不戴冠兒,拖著一窩子,杭州攢翠雲子網兒,露著四髮上粘著飛金貼,粉面上貼著三個翠面花兒,越顯出粉面油頭,朱唇皓齒。把頭髮梳在腦後,盤起來用網巾兜住,顯得鬆鬆散散地時稱一窩子,有飄逸隨意的瀟灑感,這種髮型多流於妓院。金蓮這樣打扮說明她性格上的無拘無束,又追求時尚的心理取向。

《金瓶梅》第二十九回中寫金蓮要「一雙大紅光素緞子白綾平底鞋兒,鞋尖兒上扣繡鸚鵡摘桃」。玉樓則是「玄色緞子鞋,羊皮緝的雲頭子,周圍拿綠線出白山子兒,上(繡)白綾高底」。玉樓還勸金蓮說,「你平日做平底子紅鞋做什麼,不如高底鞋好看,你若嫌木底子響腳,也似我用氈底子,卻不好走著,又不響」。金蓮說,「不是走路時穿的鞋,是睡鞋」。這一段對話不但說明當時時興高底子鞋,類似現在舞臺上古裝戲的高底靴子,可以認為是高跟鞋的前身。另外,因為當時的女人都纏足,所以在穿鞋的時候分睡鞋和走路時穿的鞋兩種。《金瓶梅》三十回以前的服飾大致如此,這時的西門慶儘管有一筆可觀的財富,不管是生藥鋪子也好,還是孟玉樓、李瓶兒帶來的也罷,他的身分還是平民。在這一時期,他雖然和賀千戶,荊千戶周守備、李知縣等人常有來往,生意喜慶,逢年過

節也有些走動，但僅僅是人情往來，就是書中寫的上通官府。另外，因為和陳洪的聯姻關係受到株連後向朝廷要員行賄，把滅門之罪的西門慶改成賈慶，才消除了他的滅頂之災。緊接著因鹽商王四峰的事，西門慶打發來保通過翟管家向蔡太師行賄，蔡太師寫信給山東巡撫放走在押的王四峰。

這時的西門慶除手中有錢外，又和地方官員經常交往，還通過行賄與當朝太師有了聯繫，但這些交往和聯繫還沒有改變西門慶的平民身分。所以，他的衣著和家人的衣飾儘管比較華麗、質地上乘，但都是平民裝飾。西門慶的人生軌跡的轉機是在派家人來保第二次去京城行賄時，翟管家向來保說，蔡太師是六月十五的壽誕，「好歹叫你爹上去走走，他有話和你說」。於是西門慶派來旺到杭州置辦壽衣的衣服布料，家中請的銀匠打造各種賀禮的金銀器具，為蔡京的壽誕送上一份厚禮。蔡京接到西門慶的賀禮，心中大喜，但表面上還是假惺惺地說「這禮絕不是好受的，你還將走」，這一句假推辭的話嚇壞了來保，來保一邊磕頭，一邊說「主人西門慶沒什麼孝順，些小微物進獻老爺賞人便了。」太師說即是如此令左右把禮收了。太師這時說，前日（就是收到第一次禮物時）那滄州客人王四峰等人之事，我已差人下書與你巡撫說了，可見了分上不曾。其實王四峰等人早已放了，這裏再提，意思是不白收禮，你要辦的事都辦了。太師緊接著說「禮物我故收了，累次承你主人費心無物可伸，如何是好，你主人身上可有什麼官役」，來保道「小的主人一介鄉民有何官役」，太師道「既無官役，昨日朝廷欽賜了我幾張空名告身劄付，我安你主人在那山東提刑所，做個理刑副千戶，頂補千戶賀金的員缺好不好」。一介鄉

民從此平步青雲，一份厚禮立時就從鄉民成為五品命官，不僅如此，還給送禮的來保和吳典恩也每人封了官職。這裏是西門慶人生的巨大轉機，也是《金瓶梅》中的明朝社會最腐敗的一筆。

在這之前的西門慶和他的妻妾們的服飾都沒有什麼特別之處。自從西門慶成了提刑所的副千戶以後，一面使人做官服，又請趙裁縫領四五個裁縫在家裁剪尺頭攢造衣服，又叫了許多匠人釘了七八條都是四尺寬玲瓏雲母犀角鶴頂紅玳瑁魚骨香帶，應伯爵對弄到這麼多犀角並鶴頂紅帶子時，極加讚美，他說滿京城也尋不出來，京城衛主老爺的玉帶金帶也沒這條犀角帶，這是水犀角不是旱犀角。雖然這是迎奉之詞，但從另一方面也道出了這條帶子的貴重之處。為炫耀這條帶子的昂貴之處，西門慶終於說出這條帶子是從王招宣府里弄出來的帶子，主人要一百兩銀子，最後以七十兩銀子要來的。當時買一個丫頭才五兩銀子，一條帶子竟用了七十兩銀子，還是折扣以後的價，可見其貴重。

西門慶自從當上提刑所副千戶後，每日「騎著大白馬，頭戴烏紗，身穿五彩灑線揲頭獅子補子圓領，四指大寬萌金楠香帶，粉底皂靴」。排軍喝道張打著大黑扇前呼後擁，何止十數人跟隨。從衙門中回來，到外邊廳裏就脫了衣服，叫書童疊了安在書房，只戴著官帽到後邊走。次日起身再叫丫頭來書房中取衣服。還把西廂房當做書房，安放桌椅筆硯琴書之類，以附庸風雅。在家時穿一件「玄色圖金補子縏布圓領，玉色襯衣」。

政和六年六月十五日是蔡京的生日，西門慶一份重禮換來

了山東省提刑所副千戶。是月二十二日喜得貴子，取名官哥。西門慶加官生子，於是到官哥生日這一天都來慶賀，各官府衙門，名門權貴都來慶賀，許多來祝賀的客人都要見見官哥。當奶娘抱出來時，「官哥穿著大紅緞毛衫兒」，生的面白紅唇，伯爵與希大從袖中掏出一方錦緞兜肚兒，上帶著一個小銀墜兒。幾天後，「西門慶拿出兩匹布，一匹大紅絲綢，一匹鸚哥綠潞綢叫李瓶兒替官哥裁毛衫兒披襖背心護頂之類」。

西門慶身居提刑副千戶後，家中的擺設陳列、衣食起居與往日相比有了根本性的改變，已不能同日而語。西門慶每次從衙門中回來，只脫了衣服摘去冠帽，再戴上巾幘，以示辦公和不辦公的區別。在這以前西門慶雖然和官府中人往來，往往是他去官員家中的多，而從西門慶當上提刑副千戶後，與駐地的官員頻繁往來，而且每當官員有要事來訪時，書中著重描寫所穿的服飾。如《金瓶梅》第三十五回中寫夏提刑到西門慶家商議迎接曾巡撫的事，夏提刑「穿著黑青水緯羅五彩灑線柔頭金獅補子圓領，翠藍羅襯衣，腰繫合香嵌金帶，腳下皂朝靴，身邊帶鑰匙，黑壓壓跟著許多人」，以顯示他的身分。而西門慶在家迎接他時的茶具是「雲南瑪瑙雕漆方盤，銀鑲竹絲茶盅，金杏葉茶匙」。在場的還有劉公公、薛公公、周守備、荊都監等武官都是錦緞衣服。偏偏這時西門慶十兄弟之一的白來搶強行到西門慶家，而且老是不走，還希望西門慶像往日一樣總當會首與他們兄弟聚會，不然這個會就散了。西門慶說，我那裏得工夫幹此事，年會一次報答天地，隨你們會不會別對我說。這一天白來搶「頭戴著一頂出洗覆盔過的恰如太山遊到嶺的舊羅帽兒，身穿著一件壞領磨襟救火的硬漿白布衫，腳下靸著一

雙乍板唱曲兒前後彎絕戶綻的古銅木耳皂靴，裏邊插著一雙一
碌子繩子，打不到黃絲轉香馬凳襪子」。這一副寒酸相和西門
慶的身分和家中擺設及經常出入的客人形成十分顯明的不協調
對比。西門慶雖然耐著性子與他吃茶、吃飯、喝酒，但是心中
十分不悅，連家人也在背後罵不絕口。白來搶也是十分不識時
局的人，他總以為結為兄弟之一的西門慶現在身居高官，且財
源茂盛，如果還像往常一樣每日一次兄弟聚會，也為他們眾兄
弟爭光，如果西門慶不參加這個聚會，連個拿錢的人都沒有，
新近的一次聚會就是寺中的長老付的錢。所以，白來搶央求西
門慶還能像往日一樣參加他們的聚會，沒想到被西門慶搶白一
頓，這些心理的變化和環境的變化，以及人物服飾上的對比，
都襯托出西門慶居官後的巨大變化。如吳月娘率眾姐妹到吳大
妗子家去做「三日」，除孫雪娥留下看家外，其餘五人各坐一
頂大轎，個個頭戴翠冠，身穿錦袍。另外還有來興媳婦坐一頂
小轎跟在眾妻妾的後面。《金瓶梅》第三十四回中寫金蓮回她
家為母親祝壽時，上身「穿著丁香色南京雲綢的五彩納紗喜相
逢天圓地方補子對衿衫兒，下著白碾光絹一尺寬攀枝耍娃娃挑
線拖泥裙子，胸前撮戴金玲瓏撮領兒，下邊羊皮金荷包。」這
個穿著顯然十分風光。

　　因為《金瓶梅》的故事主線是圍繞主人公西門慶的家庭活
動、社會活動所展開的，所以，西門慶自當上提刑副千戶後，
與他有重要聯繫的人物服飾也根據故事情節的需要而變化。
《金瓶梅》第三十七回寫翟謙幾次捎書，叫西門慶為他尋一房
小妾，媒婆馮媽看中了韓道國的女兒愛姐，於是叫西門慶到韓
道國家去看看是否中意。一天韓道國的老婆和愛姐等待著客人

的到來，這一天發生了很多有意思的事，西門慶不但為翟謙選中了愛姐做妾，而且還為自己看中了意中人。這一天王六兒「上身穿著紫綾襖兒，玄色緞紅比甲，玉色裙子，下邊顯著兩隻腳兒，穿著老鴉緞子羊皮金雲頭鞋兒」。花枝招展的服飾對愛拈花惹草的西門慶自然產生了吸引力，何況王六兒又不是等閒之輩，二人氣味相投一拍即合，西門慶又有了一個尋歡作樂的場所，這一段時間裏甚至很少回家。而王六兒也為自己開闢了一條財路，從此有了丫頭侍候，也有了寬敞的房子，這是「性」事的力量。

《金瓶梅》第三十八回，西門慶到夏提刑家去吃酒，回到李瓶兒房中時，「穿青絨獅子補子，裏穿白綾襖子，忠精緞巾，皂靴棕套，貂鼠風領」。幾天後，西門慶到廟中為官哥還願，並把官哥寄在寺中吳道長名下，起名叫吳應元，還為官哥做了一系列的道衣。這一天西門慶穿著「大紅五彩獅子補子衣服，腰繫水犀角帶」。

《金瓶梅》第四十回寫喬親家已向西門慶家的妻妾發來請帖，定於正月十二日去看燈吃酒。金蓮因裝扮成丫頭模樣而博得西門慶的歡心，西門慶也確定在金蓮屋裏過夜。兩人吃酒喜鬧之間，金蓮向西門慶說，「大姐姐她們多有衣裳穿，我老道只有知數兒的那幾件子，沒件好當眼的，你把南邊新製來的那衣服一家分散幾件子裁與俺們穿吧！只故放著怎生小的怎的。到明日咱家擺酒，請眾官娘子俺們也好見她，不惹人笑話。」西門慶聽後笑道，既是這樣，明日叫趙裁縫來與你們裁吧！第二天西門慶從衙門中回來，打開箱櫃取出南邊織造的羅緞尺頭，使小廝叫趙裁縫來，每人做件妝花通袖袍兒，一套遍地錦

衣服，一套妝花衣服。唯月娘是「兩套大紅通袖遍地錦袍兒，四套椿花衣服」。正月的節日比較集中，相互間請客走動頻繁，又是西門慶居官的第一個年節，少不得各官衙署的官員互相請客，衣著服飾就是這些活動中的重要內容，也是炫耀身分地位和財富的重要場所。

趙裁縫先裁「月娘的一件大紅遍地錦五彩妝花通袖襖，獸朝麒麟補子緞袍兒，一件玄色五彩金遍地葫蘆樣鸞鳳穿花羅袍，一套大紅緞子遍地金通袖麒麟補子襖兒，翠藍寬拖遍地金裙，一套沉香色妝花補子遍地錦羅襖兒，大紅金板綠葉百花拖泥裙」。其餘李嬌兒、孟玉樓、潘金蓮、李瓶兒等每人裁了一件大紅五彩通袖妝花錦雞緞子袍兒，兩套妝花羅緞衣服。孫雪娥只是兩套，就沒與她袍兒，總共三十件衣服。十多個裁縫，工錢用去了五兩銀子。這是西門慶當了提刑官以後，為妻妾製作衣服的豪華場面。其等級明顯不同，就是妾中間也有區別，孫雪娥最少，只有兩套，而且沒有袍兒。身分等級一目了然。

《金瓶梅》第四十一回寫月娘留下雪娥看家，率嬌兒、玉樓、金蓮、瓶兒和大妗子分乘六頂轎子去喬家觀燈吃酒。西門慶叫賁四並花匠紮製煙火。當西門慶和春梅在金蓮房中吃酒時，西門慶叫春梅、迎春、玉簫、蘭香等四個家樂到十四日請眾官娘子時，與你娘們遞個酒也是好處。春梅說「娘們都新裁了衣裳，陪侍眾官娘子便好，看俺們一個一個像燒糊了的卷子一般，平白出去惹人家笑話……」。我們「身上有數那兩件舊片子怎麼好穿，少去見人的倒沒的羞刺刺的」。西門慶笑道，「我曉得你這小油嘴兒，你娘們做了衣裳都使性兒起來。不打緊，叫趙裁縫來連大姐帶你四個，每人都替你裁三件，一套緞

子衣裳，一件遍地錦比甲。」春梅說，「我不比與他們，我還向你要件白綾裙兒，搭襯著大紅遍地錦比甲兒穿」。於是「西門慶開樓門揀了五套緞子衣服，兩套遍地金比甲兒，一匹白綾裁了兩件白綾對衿襖兒，唯大姐和春梅是大紅遍地錦比甲兒，迎春、玉簫、蘭香都是藍綠顏色衣服，都是大紅緞子織金對衿襖，翠藍邊拖裙共十七件。叫了趙裁縫來都裁剪停當，又要一匹黃紗做裙腰貼裏一色，多是杭州絹子，春梅方才喜歡了」。這是西門慶當了提刑官後，為眾妻妾和眾丫鬟集體做了一次衣服，因為春梅爭強好勝的性格，給西門慶使性子，又因為春梅是他收用過的、是丫頭中最為受寵的一位，所以對春梅的提議也是滿口答應，並立即兌現，以備在年節、觀燈，請眾官娘子時，用妻妾、丫頭的衣服顯示他的權力和財富。服飾也是會說話的，是有力的彰顯。也是妻妾、丫頭們與西門慶關係的詮釋。

　　通過以上兩次集中起來又成規模地為妻妾和丫鬟做衣服的場面來看，西門慶一家人的服飾，無論品質還是數量都是空前的，而且也從服飾品質和數量上明顯看出了尊卑貴賤，正妻吳月娘的衣服從數量上遠遠超出其他妾的數量，而且所採用的「獸朝麒麟補子緞袍兒及麒麟補子襖兒」，按當時的禮制作為朝廷命官的妻、母都可享受與丈夫和兒子相同官職的服飾禮遇。但這裏提到的「麒麟補子襖」，按明朝的禮制，只有公侯駙馬才有權穿此紋樣。吳月娘製定這樣紋樣的衣服，與明朝的禮制是不相符的，有越禮制，這與當時的社會風氣有關，而越禮制的現象又多出於官商和城市的富商中間。《金瓶梅》中的西門慶集官商於一體，出現超越禮制的現象與當時的社會風氣

是相一致的。春梅作為收用過並得寵的丫鬟，比別人多幾件衣服也在情理之中。

《金瓶梅》第四十二回寫西門慶家請「周守備娘子，荊都監母親，荊太太與張團練娘子先到了，俱是排軍喝道，家人媳婦跟隨，月娘眾姊妹多穿著袍兒」。等到日中時分夏提刑娘子才到，在家人媳婦的簇擁下喝道而來，還抬著衣匣等，鼓樂迎接進去。這一天「春梅、玉簫、迎春、蘭香都是雲髻珠子纓絡兒，金燈籠墜，遍地錦比甲，大紅緞袍，翠蘭織金裙兒。唯春梅寶石墜子，大紅遍地錦比甲兒。席上棒杯斟酒」。眾官娘子們都很排場，家中媳婦跟隨，武官太太都是排軍喝道，到西門慶家時，都是鼓樂迎接。家宴中的夫人個個雍容華貴珠光寶氣，丫鬟們都打扮得花枝招展，歌舞吹彈好不熱鬧，王皇親的家樂扮演了《西廂記》。這是西門慶升為提刑後，女眷們最為耀眼一次盛大活動。從為妻妾和丫鬟們做衣服，就已經看出這種熱鬧場面的端倪。可以說是一次太太丫鬟們的服裝展示會，也是一次權力和財富的大比拼。西門慶為這次展示會大力投資，展示會上他的妻妾丫鬟們也為他出盡了風頭。

《金瓶梅》第四十回中，寫西門慶在正月十六日會親家的日子，為官哥和喬家的長姐結親而舉行的大型活動，早晨為官哥「戴著金羅緞子兒吉祥帽兒，身穿大紅氅衣兒，下邊白綾襪兒，緞子鞋兒，胸前項牌符索，手上小金鐲兒」。幾個家樂都打扮起來，連「家人媳婦都插金戴銀披紅垂綠，準備迎接新親」。喬太太到後五頂大轎子落在門首，唯喬五太太轎子在頭裏，後面家人媳婦坐小轎跟隨，四名校尉隨轎而到，後面青衣家人騎小馬跟隨。依次是喬大戶娘子，朱台官娘子，尚舉人娘

子，崔大官媳婦等。這一天吳月娘「穿大紅五彩遍地錦百獸朝麒麟緞子通袖袍兒，腰束金鑲寶石鬥妝，頭上寶髻巍峨，鳳釵雙插，珠翠堆滿，胸前繡帶垂金，頂牌錯落，裙邊禁步明珠。與李嬌兒、孟玉樓、孫雪娥、潘金蓮、李瓶兒等一個個打扮的似粉妝玉琢，錦繡耀目」。妻妾丫頭在月娘的率領下到門口迎接客人。第一個最耀眼的客人是喬五太太，「她五短身材約七旬年紀，戴著疊翠寶珠冠，身穿大孔宮繡袍兒，近面視之鬢髮皆白，正是眉分八道雪，髻綰一窩絲，眼如秋水微渾，鬢似楚山雲淡」。迎進屋內入坐主席，其餘客人分東主西客而坐。

四個家樂也打扮起來，「身上一色都是大紅妝花緞襖兒，藍織金裙，綠遍地金比甲，在跟前遞茶」。這時喬五太太提出要拜見西門大人，月娘說拙夫今日衙門中辦理公事去了，這時，吳大衿子對月娘說，將官哥來與太太看看討討壽，喬五太太看後，誇好個端正的哥哥。一邊捧過宮中紫閃黃錦緞，並一副金手鐲與哥兒戴，月娘連忙下來拜謝。

這一天除宴請喬五太太等眾人外，月娘還為李瓶兒祝壽，四個唱的唱起《壽比南山》。

《金瓶梅》第四十三回，寫元宵節是民間最熱鬧的節日，西門慶利用眾妻妾會親家和為李瓶兒祝壽的機會，安排王六兒到獅子街去看燈會和放煙火，因為西門慶和王六兒有苟且關係，所以才專門寫「王六兒頭上戴著時樣扭心鬏髻兒，羊皮金箍兒，身上穿紫潞綢襖兒，玄色一塊瓦領披襖兒，白挑線絹裙子，老鴉緞子綠紗鎖線的平底鞋兒。拖的水鬢長長的。」還寫她紫堂色不十分擦鉛粉，學個中人打扮，耳邊戴著香兒。除妻妾外，凡是和西門慶關係密切的女人，都要寫她的穿著打扮。

所以，服飾在《金瓶梅》這塊藝術舞臺上確實有至關重要的作用。正由於這樣，不但寫了夏裝，也寫了秋冬裝，如第三十九回寫官哥許願打醮時，「官哥兒一頂黑青緞子鎖金道髻一件，玄色綻絲道衣一件，綠雲緞小襯衣，一雙白綾小襪。一雙青潞綢小履鞋，一根黃絨線條，一道三室位下的黃線索，一道子孫娘娘面前紫線索，一副銀項圈條脫，刻著金玉滿堂，長命富貴。」這是道長送給官哥的道衣，是把官哥寄於道僧門下為保長命富貴的一種習俗。西門慶雖然妻妾成群，收用過的丫頭多人，但沒有一個生男育女的，唯有瓶兒進門的第二年末生下官哥，又是在西門慶升為副千戶的時候喜得貴子，對西門慶來說是後繼有人的大喜事，這時用衣服來烘托主人公的喜悅心情是再恰當不過的事。正由於這樣，母以子貴，李瓶兒越加受寵也是情理之中的事。

故事發展到現在，從主人公出場已有（1113-1117）四年時間，但並沒有更多地寫冬天的服飾，只有到第四十六回時，也就是西門慶加官得子後的第二年的元宵節，吳月娘率玉樓、金蓮、瓶兒到吳大妗子家去吃酒，因天晚又下雪，月娘才派家人去拿皮襖，因金蓮沒有皮襖，月娘叫玳安把李智當的皮襖拿給金蓮穿，這個生性好勝的金蓮聽後馬上說「好也歹也，黃狗皮也似的。」玉樓借機和金蓮戲鬧，她說，「我兒你過來，你穿上這黃狗皮，娘與你試看好不好」，一陣戲鬧之後，剛要起來的風波便煙消雲散，恰到好處的笑料，可以化解一時的尷尬。於是，月娘穿貂鼠皮襖，孟玉樓、瓶兒都是貂鼠皮襖。原來金蓮和西門慶大姐都沒有皮襖，但都有披襖，因金蓮有月娘給她的皮襖，大姐還是穿的披襖。貂鼠皮襖是名裝中最昂貴的一

種，這與經濟狀況和地位往往都有直接關係。

　　《金瓶梅》第九十二回寫陳經濟逼死西門大姐，吳月娘把陳經濟告到縣衙，霍知縣在公堂上看了狀子，又見吳月娘身穿縞素腰繫孝裙，係五品職官之妻。在這裏服裝就說話了，不用別人介紹，縣官一看就知道吳月娘是五品官之妻，這就是服裝的作用。現在除了特殊人群外，一般人群所穿的服裝就不會有這麼具體的語言功能。

附錄二

《金瓶梅》社會裏的媒婆
──一群左右婦女命運的人

摘　要　在《金瓶梅》社會裏，有一部分特殊人群，那就是媒婆。她們的社會地位並不高，但其作用可不能小視，她們是一群左右婦女命運的人。尤其在以父母之命媒妁之言的大環境裏，媒妁之言幾乎成了婚姻的唯一途徑。這種唯一性，決定了媒婆在婚姻中的作用和地位。在《金瓶梅》社會裏，媒婆以說媒為謀生手段。她們以這種唯一性可以賺更多的錢，來改變自己和家庭的生活狀況。因此，她們中的很多人不擇手段地坑、蒙、騙人。如王婆，她就突破了做人的底線，她為了賺西門慶的錢，不惜為西門慶和潘金蓮出謀劃策，謀殺武大，這是直接導致潘金蓮走向不歸之路的主要原因。當西門慶死後，吳月娘叫王婆把潘金蓮領出去嫁人，並沒說要媒婆多少錢，而是說，隨你給多少錢。貪得無厭的王婆，向張二官要一百兩銀子，張二官出到八十兩都不行，周守備出到九十兩也不行，非要一百兩不可，陳經濟出到五六十兩，當然更不行了。

如果九十兩銀子叫周守備把金蓮娶走，或八十兩銀子叫張二官娶走，潘金蓮的命運可能會另當別論。後來，武松假娶潘金蓮，出了一百兩銀子，她又向武松要了五兩謝媒錢。在她向吳月娘交銀子時，吳月娘聽說是武松要娶金蓮時，連連跌腳，並說仇人見仇人，分外眼睛明。王婆也說往後死在她小叔手裏罷

了，那漢子殺人不眨眼。但是，王婆因為錢擋住了她做人的視線，所以，沒想到她會和金蓮同歸於盡。於是，這一筆交易成了她人生路上的最後一次交易，也為她的貪婪和醜惡畫上了一個句號。

薛媒婆在往外打發春梅時，裏外賺了三十七兩銀子。薛媒婆領孫雪娥離開守備府時，春梅只要八兩銀子，而薛嫂通過張嫂（媒婆）把雪娥賣給潘五時，一張口就要了三十兩銀子，而且賣入娼門。所以，媒婆除了在說媒的過程中賺黑心錢之外，還左右著婦女的命運，並充當了摧殘婦女的幫凶。

關鍵詞　牽頭　矇騙　賺錢

　　在很長的歷史長河中，婚姻之事多奉行父母之命和媒妁之言，常言說：「天上無雲不下雨，地上無媒不成婚」，可見媒人的重要。在傳統習俗中，雖然有類似狂歡節的元宵燈會和清明踏青，以及各種類型的歌會等，但作為青年男女的婚姻大事，媒人還是婚姻的關鍵人物，俗稱媒婆，作為媒婆的這些人，是不可小視的一部分人。即使在男女交際十分廣泛的今天，雖然很多地方有相親會、見面會，以及電視節目中的「我們約會吧」等形式，但婚姻仲介的作用還仍然是有生命力的。翻開《金瓶梅》社會的歷史，書中涉及到的媒婆，有的不但很難讓人恭維，有的甚至還令人髮指，如王婆就是令人髮指的這一類人。

　　在西門慶還未涉足官場的時候，他依仗著手中的財富，已有幾房妻妾，在一個偶然的機會，豔遇潘金蓮並使他神魂顛倒，連續數次盤旋在潘金蓮的房前屋後。王婆與金蓮是一牆之隔的近鄰，一天，金蓮手中的叉竿跌落，打到西門慶頭上的一

幕，被王婆看得一清二楚。西門慶自從見到金蓮的嫣然一笑，早已「自酥了半邊身子」。因此，也點燃了西門慶的欲火，飲食難安，三番五次地周旋在金蓮門外，尋找機會想再見金蓮一面，進而得到和占有金蓮。西門慶的這一舉一動都被開茶館的王婆看在眼裏記在心中。而西門慶對王婆的手段也早有所聞，於是一邊通過王婆打聽金蓮的情況，一邊迫切地懇求王婆做成他這椿好事，一邊答應要千恩萬謝。鬼計多端的王婆早已看穿了西門慶的迫切心思，決心利用西門慶迫不及待地舉動，「賺他幾貫風流錢」，用王婆的話說，「這刷子挺得緊，你看我著些甜糖，抹在這廝嘴上，叫他舔不著。那廝全討縣裏人便宜，且叫他到老娘手裏納些錢鈔，賺他幾貫風流錢。」於是，在這段時間裏，西門慶和王婆互相勾結的一幕就打開了。王婆總是吊西門慶的胃口，西門慶的胃口越高，王婆謀取的利益就越快、越多。西門慶的胃口越高，越表現得迫不及待。西門慶越是垂涎三尺，王婆越是讓西門慶難以得手。西門慶越是不得手，越是如飢似渴地懇求王婆，王婆就抓住西門慶的欲望，把西門慶調動得團團轉。他們這一場勾心鬥角的核心是，王婆想賺西門慶的錢，西門慶想通過王婆得到金蓮，而西門慶只有一個辦法，就是用銀子撬開捎頭王婆的這道大門。

在媒婆中王婆是個刁鑽刻薄，手段極其惡劣的，作者描述王媒婆時，用「開言欺陸賈，出口勝隋何」來評價，但憑三寸不爛之舌，可使「阿羅漢抱住比丘尼，教李天王摟定鬼子母」，也可使「女似麻姑須亂性，攛掇淑女害相思，調弄嫦娥偷漢子」等手段，雖然言過其實，但說明王婆子的手段非同一般。作者還通過王婆的自述給自己畫了一個像，她對西門慶

說，「我自從三十六歲沒了老公，丟下這個小廝，無得過日子，迎頭兒跟著人說媒，次後攬人家些衣服賣，又與人家抱腰，收小的，閑常也會做牽頭，做馬泊六，也會針灸看病，也會做貝戎兒」，王婆自亮家底的一番話，讓西門慶聽後也笑起來了。她能厚顏無恥地說自己除說媒外，還會行醫為人接生，針灸治病，可見她是自學醫道的，想必深受其害的人也不會是少數。又專為不軌男女的偷情穿針引線，破壞他人家庭，她還是個慣偷。在針灸、抱腰、去東家竄西家的說媒過程中，順手牽羊偷人家東西也是她的慣常行為。從她的這些行為看，這是個名符其實又防不勝防的社會中不安分的人。用作者的話說，這開茶館的王婆也不是守本分的，「積年通殷勤，做媒婆，做賣婆，做牙婆，又會收小的，也會抱腰，又善放刁，還有一件不可說，鬂髻上著綠，陽臟灌腦袋」。的確是個無惡不做的婆子。由於他常年做媒婆、賣婆、牙婆，又會放刁撒潑，練就了一身騙拐別人錢財的本領。當她把西門慶的胃口吊得越來越高的時候，叫西門慶且回去，半年三個月再來商量。這時的西門慶，早已迫不及待，便主動從身邊摸出一兩銀子作為茶錢，送到王婆手中。王婆進而給西門慶做梅湯，暗示她可以做媒。又給西門慶做和合湯，又暗示西門慶，她可以說合此事。另一方面又給西門慶說，金蓮家是賣「乾巴子肉，翻包著菜肉餛飩，熱湯溫和大辣酥等」，來暗示金蓮的身世，來引誘西門慶。這時，西門慶為金蓮的事已到王婆家去了七八次，西門慶自己也承認是金蓮「收了我的三魂六魄的一般，日夜只是放他不下，到家茶飯懶吃，做事沒入腳處」。西門慶主動出十兩銀子，請王婆為他做牽頭，就算給王婆作棺材本，也作為酬勞，對一般

媒婆而言，做一次媒的收入是有限的，像龐春梅這樣漂亮伶俐
的丫頭，買到西門慶府上不過十六兩銀子，而買秋菊時只花了
六兩銀子。王婆剛開始做他們的牽頭，竟可得到十二兩銀子，已
是一個很可觀的數字了。一方面說明西門慶為得到金蓮捨得出
錢，另一方面也說明王婆的手段非同一般。

　　接著王婆為西門慶的偷情提出必備的五個條件，簡稱潘、
驢、鄧、小、閑，又定出十條挨光（偷情）妙計。於是西門慶
買了三匹綢緞和上好的綿子，還有十兩銀子交到王婆手中，十
計中的最後一計，叫西門慶說幾句甜話兒，只要能聽進去，你
便用袖子拂落一雙筷子，只推拾筷子，便伸手去捏她的腳，她
不做聲時，她必有意。西門慶和金蓮見面後，西門慶按王婆的
教唆，極力稱讚武大是養家的經紀人，大大小小的人都不曾惡
了一個，又會賺錢，又是好性格兒，真格難得這等人。金蓮說
拙夫是無用之人時，西門慶又說柔軟是立身之本，剛強是惹禍
之胎。王婆一面又向金蓮介紹西門慶，說他「家有萬貫錢財，
在縣門前開生藥鋪，家中錢過北斗，米爛成倉，黃的是金，白
的是銀，圓的是珠，光的是寶，也有犀牛頭上角，大象口中
牙，又放官吏債，他家大娘子也是我說的媒」等等。王婆另一
面又向西門慶誇金蓮，說她「好一個精細的娘子，百伶百俐，
做得一手好針線，百家詞曲雙陸象棋，拆牌道字皆通，一筆好
寫，還彈得一手好琵琶」。說話間西門慶已從袋子裏取出三四
兩銀子，叫王婆治辦酒席，邊說邊吃，常言說自古風流茶說
合，酒是色媒人，幾杯酒下肚哄動春心，按王婆的十計如法炮
製，果然成就了西門慶和金蓮的偷情。

　　王婆假託去東街上打酒，還說有好一歇兒耽擱，意思是告

訴二人，我去很長時間才能回來，你們自行方便吧！於是，王婆把門倒鎖起來，到街上乘涼去了。這個老奸巨滑的王婆估計事已成就，突然回房，正當二人各整衣襟時，她假裝正經，要脅金蓮今後必須隨叫隨到，否則就去告訴武大郎，又說西門慶不可失信，不得負心於金蓮，否則她也要告訴武大郎。並囑咐西門慶所應她之物不可失信，這才是王婆的真正目的。只要他倆長期通姦，王婆就會長期從中得到利益。此時二人還交換了信物。這時，王婆早已把西門慶將近十兩銀子裝入自己的腰包。此後，西門慶對王婆的手段讚賞有加，他說：「乾娘智賽隋何，機強陸賈，女兵十個，九個都出不了乾娘的手」。到次日西門慶又取出一錠十兩銀子來，這時的王婆已賺了西門慶的二十多兩銀子。

西門慶和潘金蓮在王婆家裏偷情，已成公開的秘密，賣雪梨的鄆哥知道了此事，鄆哥來王婆家找西門慶，想叫他買點雪梨賺幾個小錢，一見王婆便發生了口角，還被王婆打出來了。鄆哥一氣之下找到武大郎，並把實情告訴了武大，還要幫武大到王婆家去捉姦，也為自己出一口惡氣。二人商議了捉姦的計畫。姦是捉到了，卻被西門慶踢中了武大的心窩，倒在地上口中吐血，鄆哥見勢不好，撒腿便跑。王婆和金蓮扶武大回家，受傷的武大一傷不起，金蓮仍和西門慶在王婆家鬼混，並不管武大的死活，連水都不讓武大喝，不但自己不管武大，還令迎兒也不能去送水。武大捉姦後，金蓮不但沒有收斂，反而變本加厲，於是武大向金蓮說「我死了不防，和你們爭執不得，我兄弟武二，你是知道他性格，早晚歸來他肯甘休。只要你肯可憐我，扶侍我好了，他歸來時我不提此事；你如不看顧我時，

等他歸來，自會和你們說話」。這些話本來是對金蓮的警告，金蓮不但不聽，反而倒加速了武大的死亡。金蓮把此話說給王婆和西門慶，西門慶聽後出了一身冷汗。王婆倒冷笑著說，你是把舵的，我是撐船的，我不慌你倒慌了手腳。王婆接著說，你們要做長久夫妻還是做短夫妻？要做短夫妻時，今日就分散，等武大好了時，陪個話道個歉，武二回來時都沒言語，等武二再差使出去時，又來做短夫妻。如果要做長久夫妻，每日在一處不擔驚受怕，「我卻有這條妙計，只是難教你們，……這條計，用著件東西，別人家裏都沒有，天生天化，大官人家卻有，……如今這搗子病得重，趁他狼狽好下手，大官人家裏取些砒霜，卻交大娘子自去贖一貼心疼的藥來，卻把這砒霜下在裏邊，把這矮子結果了他命，一把火燒得乾乾淨淨，沒了蹤跡，便是武二回來，他待怎的。自古道初嫁從親，再嫁由身，小叔如何管得，暗地裏來往半年一載，便好了，等待夫孝滿日，大官人一頂轎子娶到家去，這個不是長遠做夫妻，偕老同歡」。王婆還教金蓮下藥的法兒，先把些小意兒貼戀他，他若向你討藥吃時，你便把這帶砒霜的藥灌下去。〔他若毒氣發作時，必然腸胃迸斷，大叫一聲，你卻把被一蓋，不要叫人聽見，緊緊地按住被角。〕你預先要燒好一鍋水，放一條抹布，他若毒發之時，七竅內流血，口唇上有牙齒咬的痕跡，他若氣斷了，你便掀起被來，卻將煮的抹布一揩，血跡便揩沒有了，入在棺材裏，扛出去燒了，有什麼鳥事。王婆還說，事到臨頭你只敲牆壁，我就過來幫扶你。等到更深人靜時，金蓮按王婆之法叫武大吃藥，乘機把毒藥灌下去，武大一命嗚呼，王婆聽見敲牆的聲音，即刻來到金蓮家，幫助金蓮收拾停當，穿好衣

裳，與他梳了頭，戴上巾幘，穿上鞋襪，用白絹蓋了臉，停在一塊舊門扇上。事後西門慶用十兩銀子賣通仵作，團頭何九來驗屍，而後舉火燒化。

從西門慶央及王婆當牽頭開始，王婆成就了西門慶和潘金蓮偷情的聯繫人。當姦情敗露後，為了叫西門慶和金蓮做長久夫妻，又進一步設計毒死武大，並主持處理武大的後事，直到火化，這些都是王婆一手策劃的，王婆是這起命案的主謀。王婆從中賺了西門慶的雪花銀，卻使武大怨死在九泉之下。

第八回寫武松叫士兵捎書到武大家，信中說大約八月初到家，西門慶和金蓮聽後大驚失色，王婆又說「這有什麼難處，初嫁由爹娘後嫁由自己，古來叔嫂不通門戶」。如今已是大郎百日，大娘子請眾僧來，把靈牌燒了，趁武二未到家，大官人一頂轎子娶了家去，等武二那廝回來我自有話說，他敢怎的。自此你二人自在一生，無些鳥事。西門慶按王婆之計，叫金蓮換了一身豔色衣服，把迎兒交與王婆，箱籠都送到西門慶家，剩下些破桌壞凳都給了王婆。一日，西門慶用一頂轎子，四個燈籠跟隨，王婆送親，把金蓮抬到家中。在花園內樓下收拾三間房一個獨院讓金蓮住，角門進去是花草盆景。又把月娘房中的丫頭春梅給了金蓮做丫頭。另用六兩銀子買了個丫頭上灶，名叫秋菊，金蓮從此做了西門慶的第五房妾，這是王婆做媒的結果。

西門慶死後，家境急劇敗落，往日的輝煌已是煙消雲散。西門慶的二妾李嬌兒嫁給張二官，已到了樹倒猢猻散的地步。金蓮和女婿陳經濟早有首尾，到這時更加肆無忌憚，以致懷孕打胎，西門慶宅院內外議論紛紛，月娘也發現了此事，叫媒婆

薛嫂先將春梅賣出去，以減少內亂。當月娘管教陳經濟時，陳經濟不但不聽管教，反而散布惡言污語，月娘遂將陳經濟趕出家門。接著月娘讓玳安去叫王婆。這時，王婆的兒子王潮兒拐了淮上商人一車貨，也有一百兩銀子，他真發跡了，王婆也不賣茶了，買了兩匹毛驢，安了一盤磨，開起磨房來了。真是有其母必有其子。王婆見玳安來叫他到宅上走一趟，便問玳安，你爹沒了，你家請我做什麼，莫不是你五娘養兒子了，要我去接生不成。玳安說，我五娘倒是沒養兒子，而是養女婿了，俺大娘叫你領她出來嫁人。王婆說，天麼！這淫婦狗改不了吃屎，果然弄出事來了。還說，去年我為何九的事去麻煩你爹，你爹不在宅上，賊淫婦就沒留我去房裏坐一會兒，折針也迸不出一個來，只叫丫頭倒了一盅茶。我只道她千萬年在他家，如何今日也出來了，好個浪家淫婦。王婆以為是她成就了潘金蓮，就應該對她遠接高迎。僅倒了一杯茶，也沒留她吃一頓飯，也沒送點針頭線腦之類的東西，她感到輕視了她，於是氣憤在胸。今天聽到金蓮出事，要叫她領出去嫁人，豈不幸災樂禍。

　　當王婆走到月娘房中，月娘對王婆把金蓮的事說了一遍，接著說，她來這個家便是是非人，走時也是是非者。一客不煩二主，還起動你領她出去，或聘或嫁或打發，叫她吃自在飯去罷，我男子漢已是沒了，我照顧不過來這些人。當初死鬼為她丟了許多銀子，花在她身上的銀子，可以打出個銀人來，如今隨你聘嫁多少銀子，叫我替他爹念個經兒，也是為她一場。王婆馬上接話茬說，你老人家也不是稀罕這錢的人，只要把這禍害離了門就是了，我也不肯差了你的。又接著說，今日就是好日子，我就領她出去吧！王婆眼見賺錢的機會到了，豈能錯

過，迫切的心情路人皆知。趕快領走，還討得個主人的歡喜，有一箭雙雕之功。月娘接著說箱子給她一個，轎子不容她坐。小玉插話說，俺奶奶在氣頭上，少不了雇頂轎子，不坐轎子，讓街坊人家看了也笑話。當把金蓮叫到月娘房中時，月娘還沒話說，王婆便說，剛才大娘說了，叫我今日領你出去。當金蓮還與其抗爭為什麼時，王婆說，你休裝聾做啞，自古蛇鑽窟窿蛇知道，各人幹的事，各人明白，金蓮你不要在這裏撒奸兩頭白面，我手裏使不得你巧語花言幫閒鑽懶，自古蒼蠅不鑽沒縫的蛋，你休把養漢當飯，我如今要打發你上陽關。王婆這一段刁鑽刻薄的話，也活脫脫地展現了王媒婆醜惡歹毒的嘴臉。她在批駁金蓮養漢偷情的時候，她竟然忘記了她是金蓮和西門慶偷情的牽頭，金蓮毒死丈夫再嫁西門慶時，她是主謀又是幫凶，其實她和金蓮才是一條線上的螞蚱。如果他要送金蓮上陽關的話，她的末日也將到來。

　　金蓮和月娘理論了一回，無奈只好拜別月娘。金蓮平素也是個好掐尖爭風頭的人，此時此刻她還拜別月娘，與春梅出門時相比，這時的舉動是耐人尋味的。月娘給了她兩個箱子，一張抽屜桌兒，四套衣服，釵梳簪環之類，被褥鞋腳都填在箱子裏。金蓮又走到西門慶靈前哭了一場，還和玉樓哭別，小玉在送金蓮上轎子時，送給金蓮兩根金頭簪。小玉送春梅和金蓮離開西門慶家時，所表現出來的寬厚，足見她是金瓶梅社會中的又一類人物。

　　陳經濟聽到金蓮已到王婆家聘嫁，便跑到王婆家，拿出兩吊錢作為資費想見金蓮一面，王婆說她家大娘子吩咐了，不准放閒人來看她。你要見她一面，給我五兩銀子，見二面給我十

兩銀子，要娶她給我一百兩銀子，另與我十兩媒人錢，如今兩吊錢打水都不渾，能做什麼。無奈陳經濟的見面心切，於是從頭上拔下一對金頭銀腳簪子，重五錢，殺雞扯腳似的跪下叫起奶奶來，並承諾日後送一兩銀子來。王婆這才允許他進去見面。並囑咐他說幾句話就出來，不能只顧坐著，所許的一兩銀子明日就送來。陳經濟和金蓮見面後計議，要做長久夫妻。但王婆要一百兩銀子，王婆說你家丈母說，當初他爹為她化的銀子可打一個銀人兒，一定要一百兩銀子，少一絲毫也不成。陳經濟對王婆說，你老人家退下一半，五六十兩銀子也罷，娶五姐家去也是春風一度，你老人家少賺點錢吧！王婆說，休說五十兩，八十兩也輪不到你手裏，昨日潮州販綢絹的何官人出到七十兩，大街張二官如今是提刑院的掌刑，出到八十兩，還拿著銀子來都成不了，你空口說空話倒還敢奚落老娘。王婆走到街上大聲吆喝，誰家女婿要娶丈母，還到老娘屋裏來放屁。罵了陳經濟反而嚇壞了陳經濟，他跪在王婆跟前，口口聲聲央求王奶奶，我依了奶奶的價錢給你一百兩銀子，明天我就起身到南京找我爹取銀子。王婆還說，先下來先吃飯，我的十兩銀子在外，休要少了。

這時，應伯爵對張二官說，潘金蓮生得標緻，又會一手琵琶，百家詞曲，雙陸象棋無不通曉，又會寫一手好字，現在王婆家聘嫁。張二官聽了後，幾次派人拿著銀子到王婆家相看，討價還價到八十兩銀子，王婆說大娘子吩咐，一百兩銀子不倒口。恰在這時，應伯爵把西門慶的男傭春鴻送到張二官府上，他聽春鴻說金蓮在西門慶家養女婿。現為張二官二房的李嬌兒也對張二官說，金蓮如何毒死漢子等，聽了這些傳言，張二官

再也不想要金蓮了。春梅到周守備府後，深得周守備的寵愛，何況春梅和金蓮在一起時關係十分密切，於是春梅極力向守備哭哭啼啼地說，俺娘兒兩在一處廝守幾年，大氣兒都不曾呵著我，把我當親女兒一般看承，你如娶來我娘兒兩還在一處，我情願做第三房。守備聽了春梅的話，派李安和張勝到王婆家相看，果然長得出色。王婆又對來人說，她家大娘子要一百兩銀子。來人還到八十兩，王婆還是不肯，又添到八十五兩，王婆假借她大娘不肯，還是不同意。王婆接著說，我退一步，媒人錢可以作罷，但非要一百兩銀子。李安、張勝只好回稟周守備，過了兩日春梅又懇求守備，守備又派管家周忠到王婆家，又添到九十兩，王婆還是不肯。還說，如果是這樣，早叫張二官抬去了，周忠氣惱，叫李安包起銀子回去了，周忠給守備說添到九十兩還不肯，守備說明日給她一百兩，拿轎子抬回來算了。周忠說添到一百兩還要五兩媒人錢呢！

　　金蓮聘嫁的事，月娘對王婆說，隨你要多少銀子。王婆卻漫天要價，如果八十兩銀子讓張二官娶走。如果九十兩銀子叫周守備用轎子抬回去，潘金蓮的命運可能是另外一番情景。正因為王婆貪得無厭，又想通過金蓮的聘嫁大賺一把，因此讓金蓮失去了兩次嫁人的機會，王婆的命運和金蓮的命運才緊緊地捆綁在一起了。從第二回王婆出場直寫到第七回，王婆活動十分頻繁，直到八十七回王婆走到她人生的最後一站，在這座《金瓶梅》的藝術舞臺上，她的所作所為無不淋漓盡致地表現了她的刁鑽歹毒，在所有媒婆中是獨一無二的。

　　八十七回寫武松到家後，早已打聽清楚武大的死因及西門慶和潘金蓮偷情的事實，尤其對王婆當牽頭的事實都一清二

楚。當武松走到王婆家要假娶金蓮時，王婆還死咬著一百兩銀子不鬆口。她見到武松要拿一百兩銀子娶金蓮，又另出五兩銀子謝她時，她喜歡得屁滾尿流，還催武松快將銀子送來。當王婆用天平秤兌一百零五兩銀子時，王婆心中還念念不忘陳經濟已去東京取一百一十兩銀子的事，心中總想，先於武松回來就好了。王婆從武松給的銀子中取出二十兩交與月娘，自己淨賺八十五兩。如果說有人是見利忘義的話，而此時的王婆則是見利忘命。王婆給月娘送銀子時，聽說武松買去了金蓮，月娘連連跌腳，並說仇人見仇人，分外眼睛明。王婆說往後死在他小叔手裏罷了，那漢子殺人不眨眼，殺兄之仇豈肯甘休。但王婆見到銀子後，她什麼也看不到了，什麼也想不到了。在她用天平秤兌銀子時，她與黃泉的路已近在咫尺。但她還沒省悟到應該秤一秤她做人的良心，她親眼目睹了武松殺金蓮的全過程，她心裏想的還是如何支吾這武松，常言說「人之將死，其言也善」，王婆死到臨頭也沒說句省悟的善言，於是她在人生的路上劃了一個句號，但是其形象是醜惡的。

薛嫂也是《金瓶梅》社會中活動較頻繁的另一個媒人，西門慶正頭娘子吳月娘是王婆保的媒，西門慶的大女兒是薛嫂的媒人，潘金蓮在王婆家聘嫁時，丫頭秋菊是薛嫂賣出去的。龐春梅也是薛嫂賣到西門慶家，又是她把春梅再賣到守備府的。這一行的規矩叫一客不煩二主。西門慶娶孟玉樓也是薛嫂的媒人，是繼王婆之後出場的第二個主要媒人。第七回寫薛嫂聽說西門慶的三妾卓丟兒去世，她利用賣花翠的機會，得知南門外販布楊家的正頭娘子孟玉樓剛剛寡居在家，她便跑到西門慶家，給西門慶說我有一件喜事說給你，頂三娘的窩兒。她對西

門慶說，孟玉樓手裏有一份好錢。有南京拔步床兩張，有四季衣服椿花袍兒手都插不下去，也有四五隻箱子珠子箍兒，胡珠環子、金寶石頭面、金鐲銀釧等。手裏現銀子也有上千兩，好三梭布也有三兩百筒。身邊又無子女，今年不上二十五六，一表人材風流俊俏百伶百俐，又能當家立紀，針指女工，雙陸棋子樣樣都會，還會彈一手好月琴。大官人若見了管情一箭上垛。西門慶聽後便同意去相親。用作者的話說，「這媒人原來只一味圖賺錢，不顧人死活，在對別人說媒時，把無官的說成有官，把偏房說成正房，一味是瞞天大謊」。薛嫂自己也說，「我做媒人實可貴，全憑兩條腿走殷勤，舌劍能訓烈女心，利市花常頭上戴，喜筵餅錠袖中揣，只有一件不堪處，半是成人半敗人」。還說「媒人婆是地裏小鬼，兩頭來回抹油嘴，一日走夠千千步，只是苦了兩條腿。」不過這次薛嫂說孟玉樓有錢有物倒是基本屬實。薛嫂對西門慶說，指望說成這門親事後，典兩間房住，比住在北邊方便。去年買春梅時，你還許了我幾匹布，還沒給我，到明日你娶過孟玉樓，一塊謝我吧！當西門慶和玉樓見面時，相互談話中西門慶說自己二十八歲，玉樓說她三十歲，玉樓長西門慶二歲。薛嫂事先對西門慶說，孟玉樓二十五六，聽到這裏，她唯恐年齡成為這個婚姻的障礙，馬上插話說，「妻大兩黃金日日長，妻大三黃金積如山」。這時西門慶馬上叫玳安呈上錦帕二方，寶釵一對，金戒指六個，放到盤中送到玉樓面前。玉樓一面拜謝，一邊問行禮的日期，西門慶馬上說承蒙娘子應允，這月二十四日送聘禮過門，六月初二日准娶。這時玉樓說，既然如此，明日我使人對北邊的姑娘說去。這北邊的姑娘便是楊家唯一的近親姑姑，她是孟玉樓進退

中最具影響的人物。

　　作為媒人薛嫂早就知道，只要說通了姑娘，這門親事便十有八九，於是薛嫂提前和西門慶到姑娘家去送禮，並對西門慶說，楊家的事只要她主張，誰敢怎的，你許她幾兩銀子，把家裏的普通鍛子拿上幾匹，買上一擔禮物，親去見上一面，一拳打倒她（這拳不是真用拳頭而是用重禮買通她，俗稱一拳打倒），這門親事就成了。當西門慶帶著禮物和楊姑娘見面時，一見面，薛嫂就對楊姑娘說，西門大官人便是咱清河縣數一數二的財主，在縣前開著個生藥鋪子，又放官吏債，家中錢過北斗，米爛成倉，沒個當家經紀的娘子，聞得玉樓要嫁，才來見奶奶。楊姑娘馬上說，你們來講便是了，還帶許多禮物，我是他們的親姑姑，你娶過去做大做小我不管，只要給我死去的侄兒念上個好經，給我個棺材本，我就主張娶過門去，到「四時八節時」官人放她來走走，就認下俺們這個窮親戚。西門慶聽後說，你老人家放心，別說一個棺材本，就是十個棺材本小人也拿得起，遂拿出三十兩雪花銀給楊姑娘，你買一盞茶吃，等娶過門時再送來七十兩銀子，以及兩匹鍛子作為你老人家的送終之資，四時八節時照樣上門走動。楊姑娘聽到這些，再看看到手的三十兩銀子和將要到手的七十兩銀子，高興得不亦樂乎。前面薛嫂說的一拳打倒她，就是這一份厚禮和一百兩銀子去「打倒」楊姑娘。西門慶依計而行，果然把楊姑娘打倒擺平了。當然，也可能西門慶早就知道玉樓手中的一筆好錢和豐厚的積蓄，這也是西門慶敢於大方出手的重要原因。這個事情的前前後後，對薛嫂見機行事的機智和對人物的揣摩都有獨到之處。

　　六月初二，西門慶一頂大轎四對紅紗燈籠去迎娶玉樓，楊

姑姑送親，小叔子楊宗保穿新衣，騎在馬上送他嫂子成親。小鸞、蘭香兩個丫頭都跟來鋪床疊被，小廝琴童年方十五也過來扶持。自此玉樓在西門慶家行三，家中大小都叫她三姨。

潘金蓮與陳經濟有染也牽連到春梅，月娘叫薛嫂把春梅領出去賣了，月娘說，這春梅原來是從你手裡用十六兩銀子買來的，你如今拿十六兩銀子來就是了。薛嫂對金蓮說：她大娘叫我領春梅姐來了，她說春梅與你老人家通同作弊偷養漢子，只要我原價。當薛嫂把這一消息告訴金蓮時，金蓮睜著眼半日說不出話來，不覺滿眼落淚，並對薛嫂說，你看我娘兒兩個，沒漢子好苦啊！今日他死了多少時間，就打發他身邊的人。當初死鬼把她當心肝肺腸兒一般看待，說一句聽十句，要一奉十，她要打那個小廝十棍兒，她爹不敢打五棍兒。薛嫂說爹收用過的姐兒，打發時箱籠兒也不給她一個，還發話不許她帶一件衣服，只教她穿著身上的衣服出去，看來是大娘差了。薛嫂在月娘和金蓮兩人面前誰都不得罪。春梅聽說要打發她，一滴眼淚也沒掉，對金蓮說，娘，你哭什麼，奴去了，你耐心兒過，不要思念壞了身體，你思慮壞了身體，沒人知你疼熱。奴出去不與衣裳也罷，「自古好男不吃分時飯，好女不穿嫁時衣。」正說著小玉進門來說，你不要信我奶奶的，大小姐服侍你一場，瞞上不瞞下，你揀兩套上色的衣服來給她兩套，叫薛嫂兒給她拿去做個念兒。於是將戴的汗巾兒翠簪，上色綢緞衣服鞋腳，釵梳、簪墜、戒指等包了一大包袱，小玉也從頭上拔下兩根簪子來給了春梅。春梅離開西門慶家，到薛嫂家等待打發。

陳經濟聽說春梅已到薛嫂家，便去相見，薛嫂嘴上說你丈母叫我防範你們，要是叫小廝看見，到家學了，倒弄得我也上

不得閒了。這時，陳經濟拿出一兩銀子來，笑嘻嘻地交到薛嫂手中，並說權作一茶，你且收下改日還來謝你。薛嫂見到銀子喜笑顏開，乘機說，去年當在你鋪子裏的兩副扣花枕頂有一年了，當時說本利八錢，你就討於我吧！陳經濟一口答應。另外還給春梅安排了一桌肉魚菜酒之類，叫二人慢慢吃，並叫兒媳抱孩子躲出去，叫他兩個自在做一處。當月娘知道陳經濟又去薛嫂家私會時，把薛嫂叫到家裏數說了一頓。埋怨她不打發，還窩藏著養漢。薛嫂說，天麼！你老人家錯怪我了，既然你老人家照顧我，我能不打發，昨天還領著走了兩三個主兒，都出不上你老人家說的十六兩銀子。我們媒人那有這許多銀子賠上，如此這般地把月娘支應了。薛嫂接著說，周守備老爺府中要她圖個生長，只出十二兩銀子。他若添到十三兩，我就把銀子兌來，再說周守備老爺在咱家的酒席上也是見過小大姐的，會唱，模樣兒也好，才出這幾兩銀子。她又不是女兒，其餘別人更出不上。頗有心機的薛嫂借此機會，倒把十六兩銀子降到十三兩了。次日，薛嫂把春梅打扮起來，戴上圍髮雲髻，滿頭珠翠，穿上紅緞襖兒，下著藍緞裙兒，一雙小腳尖尖的。打扮好後，用一頂轎子抬到周備府中，守備見了春梅的模樣，比往日越發好看，又紅又白，身段兒不長不短，一對小腳滿心喜歡，立即兌出五十兩銀子。這薛嫂到家後，拿出十三兩銀子要去交給月娘，另外又拿出一兩來也帶在身邊。到月娘家交給月娘十三兩銀子，又拿出一兩銀子來對月娘說，這是周守備賞於我的喜錢，你老人家這邊不賞我個兒？月娘只好又秤出五錢銀子來給她。這次賣春梅的過程中，薛嫂淨賺三十七兩五錢銀子。這就是媒人賺錢的手段，賺了你的錢，還讓你心甘情願。

用薛嫂的話說，「我做媒人實可能，全憑兩腿走殷勤，唇槍慣把鰥男配，舌劍能訓烈女心，利市花常頭上戴，喜宴餅錠袖中揣，只有一件不堪處，半是成人半敗人。」

第六十八回寫西門慶送走來訪的工部主事安鳳山。由排軍跟隨到妓院，妓院裏鼓樂吹打迎接。鄭家姊妹花枝招展地迎接西門慶。其間鄭愛月兒和西門慶私下說話時，她對西門慶說，李桂姐又和王三官、祝麻子、架兒于寬、聶鉞兒、踢行頭白回子、向三、張小閑等人混在一起。鄭愛月還對西門慶說，我給你指個門路兒，管叫王三官打了嘴，替爹出氣。她說，王三官的娘林太太，今年不上四十歲，生的好不嬌樣，描眉畫眼打扮得像狐狸似的。她兒子成日在妓院裏，她只假託在姑姑庵裏打齋，常在文嫂兒家落腳，文嫂單管與她做牽頭，只說好風月。西門慶聽了鄭愛月的這番話如獲至寶。鄭愛月還說，你到明兒遇她遇兒也不難。王三官的娘子才十九歲，是東京六皇太尉的侄女兒，上畫上的一般標緻，雙陸棋子都會，三官又常不在家，她如同守寡一般，好不氣生氣死的，為他還上了兩三次吊。爹你先刮刺上她娘，不愁媳婦兒不是你的。還說她的一個熟人，如此這般和三官他娘在某處會過一遍，也是文嫂說的合。西門慶聽了這個消息，對鄭愛月說，每月我送三十兩銀子過來，作為你媽的盤纏，你也不消接人了，我遇閑就來。

西門慶對鄭愛月的話牢記在心，到家不久，就叫玳安去叫文嫂來家，他有話和文嫂說。玳安好不容易找到文嫂兒家，還推說不在家，不想見玳安，要第二天去宅上。玳安看見她的驢兒拴在院子裏，就直奔後院而去，果然正和一些人會茶。說話間才知道，這兩年買丫頭之類的事多由薛媒婆、王媒婆和馮媒

婆承擔，文嫂感到冷落她了，同行是怨家麼，因此，才出此故事。文嫂一看推託不過，便說你略等等，我打發了會茶的，就和你去見你爹，玳安說爹在家緊等的，火裏火發叫你快去。說完事還要到衙門去。這文嫂才一邊安排玳安吃點心，一邊準備去西門慶家。因為西門大姐是她保的媒，又問玳安，大姐生孩子沒有。臨走時她對玳安說，你騎馬先走，我慢慢走著去。玳安說你放著驢不騎偏要走路，這不耽誤時間。文嫂說這驢是隔壁豆腐鋪子裏的，借俺的院子餵餵，我原先騎的驢也是借人家的。那一年吊死人家丫頭，還打了一場官司，因為這場事，把舊房子也賣了。玳安戲說文嫂，舊房子賣了不打緊，應該留著那驢兒，早晚和你做個伴，也罷了。我看他時常落下來好大個鞭子。文嫂說怪猴兒，幾年不見也學得油嘴滑舌的。你還叫我給你尋親事吧！玳安說，你步行得磨到什麼時候，要不咱倆個疊騎吧！文嫂說，讓人看見怪刺刺的。玳安說，那就騎著豆腐鋪子的驢，到後我打發他錢就是了。

　　西門慶把文嫂叫到房裏，問她平常都到哪些大戶人家去，文嫂說去王皇親家、周守備、喬皇親、夏提刑等家都相熟。西門慶說，你可常去王招宣府裏，文嫂說當然熟悉。西門慶便拿出五兩白銀交到文嫂手中，叫文嫂如此這般把林太太調到她那裏，我要去會會她，事後我還要謝你。文嫂說林太太屬豬今年三十五歲，端的上等婦人，百伶百俐，她雖幹這營生，但幹得很細密。文嫂故意做出一副為難的樣子，但還是喜滋滋地接過白花花的銀子去了，並答應早早回西門慶的話。玳安早聽到他們的對話，所以文嫂一出來就對文嫂說，多的，我都不要，只要一兩也算我叫你一場，休要獨吃。文嫂說隔牆掠簸箕，還不

知仰著合著哩！說完騎著驢走了。

　　當天晚上文嫂就到林太太家，寡居寂寞的林太太，見到文嫂還報怨她為何這兩日不來走走看看我。文嫂自然有話搪塞，隨即便問林太太，三官不在家麼？林太太無可奈何地說，他整天在院中眠花臥柳，把花枝般的媳婦丟在家中不管不問，這樣下去如何是好！文嫂本來是到林太太家當牽頭的，但她卻不說這事，而向林太太說，我給你說個門路兒，管叫王三爺（王三官），這一干人等收心，再也不會進院裏去了。有這樣的好事，林太太自然願意聽。文嫂便把西門慶是當今提刑千戶，又有四五處綢緞莊，生藥鋪子，絨線等鋪面，還走標船，放官吏債，販鹽引等。又和當今知府、知縣是至交，連如今東京蔡太師也是他乾爹，家中田連阡陌，米爛成倉，金銀珠寶不在話下。他又是個高大的身材，一表人物，雙陸象棋無所不通，蹴鞠打球，無所不曉，根基不淺。三官在武學也有用著他的地方。只是不曾會過，不便來的。昨日聞知太太生日在即，你又是四海納賢，他一心要來拜壽，今天他叫我專門來討個示下。本來是當牽頭掙風流錢的，卻說成是為林太太排憂解難，幫助林太太管教王三官。明知林太太寡居後不甘寂寞，四處尋漢子，她卻說林太太是「四海納賢」，可見媒婆才是口是心非的典型。明明是引狼入室，卻口口聲聲說不玷污咱家門戶。

　　林太太被文嫂說得滿心歡喜，但表面上還假腥地說，人生面不熟怎好相處，文嫂接著支招說，你就央及西門慶，要狀告那些引誘三官的人。並約定後日晚上來林太太家。經過文嫂來回往返說合通氣，西門慶在牽頭文嫂的撮合下，終於在林太太家見面苟合。媒婆除了為未婚男女保媒外，還當牽頭，目的只

有一個，掙錢，有的媒婆只要掙到錢，什麼傷天害理的事也幹。

第九十一回寫西門慶家境敗落時孫雪娥與來旺有姦，又抵盜財物，事發後被官媒婆陶媽賣到周守備府。

孫雪娥在西門慶家時，就和春梅有過節，後來被官媒婆陶媽賣到守備府當廚娘。這時的春梅已是守備夫人。因為一碗雞尖湯不合春梅的口味，春梅叫人把雪娥打得皮開肉綻。並吩咐媒婆薛嫂，把雪娥賣到娼門，她只要八兩銀子，賺多少隨你。薛嫂的鄰居張媽，聽說薛嫂家有個娘子待嫁。於是，張媽對薛嫂說，我家住著個山東賣棉花的潘五，渾家過世，一心想尋個好婦人成親。薛嫂說，雪娥倒是個大戶人家出來的，本家只要三十兩銀子。第二天張媽把潘五帶到薛嫂家相看，一口還價到二十五兩，另給薛嫂一兩媒人錢。付完錢，潘五領著雪娥到臨清碼頭上去了。薛嫂在這次交易中，賺了十八兩銀子。原來這潘五是個水客，張媽不會不知道潘五是開私窩子的，雪娥只好進了娼門。不久，雪娥遇到守備府的張勝，張勝包住了雪娥，張勝事發後，嚇得雪娥自縊身亡。雪娥就這樣被媒婆賣來買去，是媒婆把她送上了不歸路。

陳經濟也乘機通過薛媒婆向吳月娘發話，不要西門大姐了，還要向巡撫、巡按處寫狀子告吳月娘。稱西門慶在的時候，收受了他家許多金銀箱籠細軟之物。這時的吳月娘，因西門慶的去世，家境日趨敗落，雪娥和來旺盜財出了官司，來安兒小廝在應伯爵的縱容下，投奔到張二官家去了。來興媳婦惠秀又死了，家門不幸之事接踵而至，因此聽到陳經濟的發難，為息事寧人，急忙雇轎子打發西門大姐回家去。凡是大姐的床奩箱櫥及陪嫁之物，叫玳安雇人抬送到陳經濟家去，並由薛媒

婆跟隨。陳經濟見到這些東西後說，這是陪嫁之物，還有細軟金銀，箱籠之物呢？薛媒婆說，你丈母說只收下就是這些床奩嫁妝，並沒有別的物品。又提出要使女元宵。薛媒婆把這事說給吳月娘，月娘只同意給中秋兒不同意給元宵。薛媒婆又對陳經濟說只給中秋兒，但陳經濟堅持不肯，最後還是把元宵送到陳經濟家，陳經濟為此得意忘形。

《金瓶梅》社會中的媒婆，除向未婚男女保媒外，還拉皮條作牽頭，但凡與兒女親家有了矛盾時，也請媒婆去處理，主家可有一定的迴旋餘地。媒婆多是能說會道見機行事的人，為了達到個人目的，她們要想方設法，不惜駕謊說假。孟玉樓說：「你們這些媒人說謊的極多，初時說得天花亂墜，地鋪金磚，到時間家無一物，奴也吃人哄怕了。」又如文媒婆到林太太家當牽頭時，不說他是拉皮條的，而是說請人幫她管教兒子，西門慶又居官在身，巡撫、知府、知縣都是他的朋友，連當朝太師都是他的乾爹，又擁有萬貫家產，既能幫他管教兒子，找這樣的人許多事情都好辦，這樣做牽頭還有做不成的道理。處理月娘和陳經濟的矛盾時，薛媒婆不惜三返五次地跑，最終把事情平息了。當然像王婆這樣歹毒的媒婆子也是有的。如果不是王婆的貪財狠毒，如果不是因為王婆貪得無厭，把金蓮賣給潮州販綢緞的何官人，或者賣給時任掌刑的張二官，再或賣給周守備府。潘金蓮因此，遠走到潮州，或到重權在握的提刑院掌刑，或軍權在手的周守備。潘金蓮的命運可能會是另外一番情景。也可能死不到武松手下，至少死不了那麼快。

2010 年 2 月

附錄三

《金瓶梅》社會中的信仰及僧眾的活動狀況思考

摘　要　最早擔任人和鬼神間溝通者就是巫和巫覡，隨著時間的推移，人和鬼神的溝通者除了巫和巫覡外，又增加了職業僧人。於是由巫和巫覡及僧人共同承擔人與鬼神的溝通任務。由於職業僧人的增加，巫和巫覡的市場越來越小，僧人與鬼神對話溝通的規模越來越大，人數也日益劇增，作為宗教場所的廟宇也日益宏偉華麗。這時，有的人自願放棄情欲，加入到僧眾的隊伍，也有的人看中了僧人「住著這高屋大廈，佛殿僧房，吃著那十方檀越錢糧，又不耕種，一日三餐有無甚事縈心」。於是這些人把出家當僧人當做求生享樂的去處，如《金瓶梅》社會中的王姑子和薛姑子，以及給武大念經時的僧人，見到潘金蓮的豔姿「一個個都昏迷了佛性禪心，一個個多關不住心猿意馬，都七顛八倒，酥成一塊。」的僧人，這些人加入了僧人群體，把整個僧眾弄得良莠不齊，是人們詬病較多的一個群體。

中國人不管信不信宗教，都會把信仰貫徹到人生的三大禮儀當中，出生禮是慶祝延續生命的成果，結婚禮是慶祝延續生命的搖籃，葬禮是生命結束時的禮儀。傳統思想的核心是要人們好好地活著，賄神可以使自己「早得貴子」，死後賄神是保證自己的鬼魂能脫離苦難。所以，許多國人見廟就進，不管什麼神

見了就拜，不乏上香進供，賄神的目的是為了讓他們保佑自己，燒香進供賄祖宗，是求得祖宗的保佑，經常給朋友和上司行賄，是為了得到他們的關照，因為國人信奉「一個朋友一條路，一個仇人一堵牆」。《金瓶梅》中以上三種賄賂的表現十分充分，主人公西門慶經常賄賂朋友，也經常賄賂神靈，也由於慷慨賄賂朋友和上司得到了巨大的好處。

關鍵詞　信仰　僧眾　賄賂

　　「民俗的古老足可以和人類的誕生同年同歲。」[1]因此，人類一誕生就處於虔誠的信仰之中，人們認為世界除了自然界外，還有人和鬼神組成的一部分也同時生存在這個世界裏。人神異處又用什麼辦法來進行溝通呢？換言之，人和鬼神之間由誰來完成這個溝通呢，於是就出現了一種媒介，巫覡和薩滿。巫覡亦人亦神，能見到鬼神，而且是一些能與鬼神通話的人，他們的靈魂可以走到鬼神中去，因此，他們的這些行為被人們稱為「走陰差」。他們可以代表人和鬼神通話，也可以把鬼神的意願傳達給人們，從而實現了人和鬼神的溝通交流。為什麼必須要有這樣的交流呢？因為人們經常受到鬼神的某些支配和傷害，人們為了不受傷害或少受傷害，巫覡作為媒介就充當了人和鬼神之間的使者。使得多一些「和諧」少一些衝突。

　　再早，送葬有專門的術士，到了《金瓶梅》時代或更早一些時日，送葬的事就由和尚和道士還有巫和巫覡同時來完成

---

[1]　葉濤、吳存浩：《民俗學導論》，山東教育出版社，2002 年版，第 6 頁。

了。《金瓶梅詞話》第八回[2]寫西門慶和潘金蓮私通，被潘金蓮的丈夫武大郎發現，他們為了做長久夫妻，在王婆的調唆縱容下毒死了武大郎，西門慶又買通了驗屍的何九以掩蓋毒死武大的真相，而且草草入殮，急匆匆送到火化場火化。為了掩人耳目還設起了靈堂，上寫「亡夫武大郎之靈」，靈前點一盞琉璃燈，[3]西門慶叫王婆子到報恩寺請了六個僧人在家做水陸超度亡靈，並於當天晚上除靈，和尚到齊後就搖響靈杵打動鼓樂，念起了法華經搪塞視聽。

武大死後將近百日，武二郎突然捎信稱近日到家，潘金蓮和西門慶聽到這個消息如驚弓之鳥，倒是王婆子神態自若，並說，「初嫁由爹娘，後嫁由自己，古來叔嫂不通門戶。」「大娘子請上幾位眾僧，來搶（把）這靈牌燒了，趁武二未到家來，大官人一頂轎子娶了家去，等武二那廝回來我自有話說，他敢怎的。自此，你二人自在一生無些鳥事。並約定八月初六日武大郎百日時，請僧念佛燒靈，初八日晚抬娶婦人家去。」[4]潘金蓮和西門慶果然依王婆子的意見如此這般。眾僧念完經，在除靈的時候，潘金蓮因禮佛而來到眾僧面前，潘金蓮的美色果然令眾僧人神魂顛倒。因為在此之前，眾僧只聽到西門慶和潘金蓮無所顧忌的睡到日頭半天還不起來，和尚請齋主拈香簽

2　〔明〕笑笑生：《金瓶梅詞話》，明萬曆本，東京大安株式會社影印發行，1963年，第8回。

3　〔明〕笑笑生：《金瓶梅詞話》，明萬曆本，東京大安株式會社影印發行，1963年，第6回。

4　〔明〕笑笑生：《金瓶梅詞話》，明萬曆本，東京大安株式會社影印發行，1963年，第8回。

字，證盟禮佛，潘金蓮才不得不喬素打扮來到佛前參拜。這時
眾僧：

> 一個個都昏迷了佛性禪心，一個個多關不住心猿意馬，
> 都七顛八倒，酥成一塊。[5]

這是為亡人念經送葬時的僧人在情色面前所表現出來的色欲之
心，笑笑生在這裏特別提醒讀者，

> 看官聽說世上有德行的高僧，坐懷不亂的少。[6]

這些毅然捨棄世俗情愛的出家人都無法克服色情的誘惑而神魂
顛倒，何況俗人就更難抵擋情欲了。當然這裏並不排除誇張和
對僧人的醜化。

　　《金瓶梅詞話》第七回[7]寫薛媒婆到孟玉樓家為西門慶提
親，遺孀孟玉樓見到西門慶，兩人都同意這門親事。孟玉樓的
小叔還未成年，只怕舅舅張四從中干涉，於是西門慶和薛嫂去
找到楊姑娘，西門慶向楊姑娘說明來意，楊姑娘對西門慶說，
「做小做大我不管，只要與我侄兒念上個好經，老身是他親姑

5　〔明〕笑笑生：《金瓶梅詞話》，明萬曆本，東京大安株式會社影印發
　　行，1963 年，第 8 回。

6　〔明〕笑笑生：《金瓶梅詞話》，明萬曆本，東京大安株式會社影印發
　　行，1963 年，第 8 回。

7　〔明〕笑笑生：《金瓶梅詞話》，明萬曆本，東京大安株式會社影印發
　　行，1963 年，第 7 回。

娘，又不隔從。就與上我一個棺材本，也不曾要了你家的。我破著老臉和張四那老狗做臭毛鼠，替你兩個硬張主娶過門。」西門慶當場答應楊姑娘的要求並兌了三十兩白銀，娶親過門時再給三十兩。楊姑娘的唯一要求就是要一副棺材本和給侄兒念上個好經。後來當孟玉樓嫁到西門慶家之前，果然請了三十位高僧念經做水陸燒靈。這就是當時對死者的交待。念經的自然是僧人了。

　　《金瓶梅詞話》第六十三回[8]寫李瓶兒去世後的葬禮，這是《金瓶梅》社會中最隆重的一次葬禮。到了首七之日，由報恩寺十六眾僧做水陸道場，誦法華經，親朋好友前來弔孝者絡繹不絕，靈堂上懸掛著李瓶兒的畫像，頭戴金翠圍冠雙鳳珠子，大紅妝花袍兒，白馥馥的臉兒，儼然如生時一般。眾人無不誇獎只少一口氣兒。喬大戶、崔親家、朱堂官、吳大舅、吳二舅等親眷。本府的胡府尹率一班官吏，劉、薛二內相、周守備、荊都監、張團練、夏提刑及合衛許多官員都來弔祭。街坊人等弔孝者自不必說。就連李桂姐等妓女和唱戲的海鹽弟子等人都來弔祭。戲子們打起鑼鼓唱起戲來。到了二七玉皇廟吳道官又請了十六位道眾，在家中揚幡念經。[9]這一天安郎中下書弔祭，本縣知縣李拱極，縣丞錢斯成，主簿任良貴，典史夏恭祺。陽穀知縣狄斯彬共五員官都穿孝服弔祭。磚廠工部黃主事

8　〔明〕笑笑生：《金瓶梅詞話》，明萬曆本，東京大安株式會社影印發行，1963 年，第 63 回。

9　〔明〕笑笑生：《金瓶梅詞話》，明萬曆本，東京大安株式會社影印發行，1963 年，第 63 回。

也來弔祭，而且當面轉達了宋松原本來要來弔祭，只因去了濟州特叫黃主事代祭並送上了厚禮一份。還有兩司八府官員的分資，兩司共十二員，每員三兩，府官八員每員五兩，計二十二分資一百零六兩，交與西門慶。李瓶兒三七時，由永福寺道堅長老領十六眾僧念經，穿雲錦袈裟，大鈸大鼓，早晨取水轉五方請三寶浴佛等。十月初八是四七，請西門外寶慶寺趙喇嘛亦十六眾僧來念番經，行香口誦真言，齋供都用牛奶茶酪之類。懸掛的都是九醜天魔變相等。

與此同時，西門慶到門外墳上搭了四五處酒坊，廚坊，罩棚，請附近地鄰來坐席，大酒大肉來款待，臨走時背肩背項滿載而歸。八月十一日鑼鼓地弔來靈前，還有「五鬼鬧判」、「張天師著鬼迷」、「鍾馗戲小鬼」、「老子過幽關」、「六賊鬧彌勒」、「莊周夢蝴蝶」、「天王降地」、「水火風洞賓飛劍斬黃龍」、「趙太祖千里送荊娘」，各樣百戲弔罷，堂客都在簷內觀看，然後內眷親戚都來辭靈燒紙，大哭一場。

到次日發引，各類名旌，幡亭，紙紮，僧道鼓手細樂全部到齊，守備府來了五十名巡捕軍士，都帶弓馬全裝，十名在家看守，四十名跟殯儀同行。衙門裏又有二十名排軍打路照管冥器。墳頭二十名把門。出殯時官員士夫親鄰朋友及車馬喧嘩填街塞巷，轎子也有百拾餘，二院鴇子粉頭也有數十餘。陰陽先生選定辰時起棺，六十四人上杠，仵作一員立於架子上，敲響板指揮抬棺人。由報恩寺的郎僧官來起棺。沿出殯的道路兩邊觀看的人山人海。僅本家的轎子也有十餘頂緊跟棺後，玉皇廟吳道官身穿大紅五彩雲霞二十四鶴氅，頭戴九陽玉環雷巾，腳登丹寫，手執牙笏，坐在四人肩輿上迎殯而來，將李瓶兒的大

影捧於手上，殯儀隊沿途浩浩蕩蕩直去五里原墓地。

這時張團練早已率二百名排軍會同劉、薛二相在墓地高埠處等候。帳房內外吹響器打銅鑼鼓迎接殯儀到來，燒冥器紙紮的煙焰四起，墳上有十數家收頭的祭祀，兩院妓女擺列，內眷自有帷帳。最後由周守備點主，衛中官員至眾親朋夥計共同祭祀。並請西門慶收頭飲酒，賞賜。後晌回靈，鼓手十六眾小道童兩邊吹打，吳大舅、喬大戶、沈姨夫、孟二舅、應伯爵等夥計都陪著西門慶進城，堂客轎子壓後，到家門首燎火而入，在李瓶兒房中安靈。陰陽徐先生祭神灑掃各門戶，皆貼辟非黃符。西門慶拿出二十五吊錢賞巡捕，衛中排軍及管理人員。到八月二十日，西門慶請黃真人和吳道官為李瓶兒煉度靈魂。至此李瓶兒的隆重葬禮才算結束，僅留下在她房中的靈牌和影。在這次葬禮中有術士徐先生，有玉皇廟道士吳道官，有永福寺長老，同時又有藏傳佛教寶慶寺的趙喇嘛，所念的經稱為番經，供品也是牛奶茶酪。在這場葬禮上除了伊斯蘭教外，幾乎請了國人所信仰的主要宗教門類，並用相關宗教的葬禮進行了一場「綜合性的送葬儀式」。而且把民間的打擊樂和「社火」中的主要文化活動都納入葬禮，如「五鬼鬧判」、「張天師著鬼迷」、「鍾馗戲小鬼」等，都列入祭弔活動中。是《金瓶梅》社會裏最隆重的葬禮，前來祭弔的人員由兩司八府人員，中央派出機構中的黃主事，宮廷中的薛，劉二內相、駐軍周守備、都監、團練、衛所的官員，全部到齊。本縣的知縣，陽穀縣的知縣等，也全部穿孝服弔祭。從某種意義上說，這次葬禮從中央部門到兩司八府及清河、陽穀、駐地軍隊等，在清河縣舉辦了一次空前隆重的葬禮。就連鴇子妓女也蜂擁弔祭。李瓶

兒生前嫁過幾次，兩次做妾，一次正室，本是一般的為人妻，為人母的普通婦女，死後僅為西門慶的室人，僅僅一個刑所副千戶之妾卻驚動了兩司八府直至中央的部門和駐地的府縣所有官員，風光之極，掙足了面子，無形中在葬禮過程中透出了中國人傳統的政治和社會現實，而且各種宗教僧眾都參加了葬禮，是值得深思的故事。

一

僧人的出現，隨之而來的是對他們的調侃，因為他們的身分在某種意義上說也和巫覡一樣是代表善男信女向佛祖求平安的，從而佛祖才能保佑芸芸眾生得到平安吉祥。僧人不同於巫覡，巫覡可以「走陰差」。就是深入到神鬼裏去，等再回到眾生面前時，再代表鬼神與眾生對話。達到驅邪除祟的目的。隨著時間的推移，巫覡的許多活動都被僧人代替了。而在佛道的活動中，善男信女們面對「有求必應」的佛祖，雖然說是有求必應，但信眾還是要掏腰包祭神，「祭神是為了賄神，祭祖是為了賄祖，請客是為了賄人，其目的在於企求神仙和祖宗保佑，請求朋友們幫助，這是中國人做人的基本辦法。」[10]祭祀神也好祭鬼宴請朋友也罷，都是要在神鬼人之間建立一個彼此關照的關係。賄神這一項在大型寺院裏，信眾的開支是很可觀的，諸如：掛幛、功德錢、祭品等。有的寺院裏一柱高香可達數百元甚至千元。這些賄神的錢，佛祖是不花的，最多受點煙

---

10 葉濤、吳存浩：《民俗學導論》，山東教育出版社，2002 年版，第 130 頁。

火聞聞味兒，佛祖不說話但可以看熱鬧，真正花錢的是長老和
眾僧。不知從什麼時候開始，凡是有寺院的地方都辟為廟會，
實為購物的所在，不僅有消費品，也有生產和生活用品。也是
遊戲、娛樂、飲食集於一身的綜合性場所。《金瓶梅》社會中
表現得很充分，潘金蓮嫁給西門慶後，西門慶應允潘金蓮到廟
上替他買珠子，穿箍兒戴。因此自古以來對僧人多有詬病。
《金瓶梅詞話》第二十七回中寫到有三種人不怕熱，有三種人
怕熱，

> 第一是皇宮內院水殿風亭，曲水為池，流泉為沼，有大
> 塊小塊玉，正對到透犀碧玉欄邊……。又有那琳宮樊
> 剎，羽士禪僧，住著那侵雲經閣，接漢鐘樓，閒時常到
> 方丈內，講誦道法黃庭，時來仙苑中，摘取仙桃異果，
> 悶了時，喚童子松陰下，橫琴膝上，醉後攜棋，秤柳陰
> 中對友笑談。[11]

把道僧和皇宮、王侯貴戚富室等並列為三種不怕熱的人，自然
也成了特別階層的人群，與帝王和王侯貴戚相提並論，用意何
等明顯。所以才有《金瓶梅詞話》第八回寫僧人：

> 住著這高屋大廈，佛殿僧房，吃著那十方檀越錢糧，又
> 不耕種，一日三餐有無甚事縈心，專一在這色欲上留

11　〔明〕笑笑生：《金瓶梅詞話》，明萬曆本，東京大安株式會社影印發
　　行，1963 年，第 11 回。

心。[12]

　　西門慶在信神與不信神這個問題上有一定的代表性，他的信仰是實用主義的，正如陳玉女先生所言，「這是一種極務實的信仰概念，非禁欲主義般純粹只注重精神層次的洗練與內心在心靈的昇華，深具功利主義的信仰色彩。」[13]國人往往見廟就進，不管什麼神見了就拜，心想說不定哪朵雲彩有雨，碰巧了有一個保佑的就不白拜。有棗沒棗打一杆子。有的人平時不信，什麼神也不信，但遇到事就想起神了，就許願，亂求一氣，民間有「臨時抱佛腳」一說。平時抱著一種你不管我，我也不管你的態度。西門慶就有這種務實而實現自我理想的傾向。永福寺的道堅長老到西門慶跟前勸化說：「前日老檀越踐行各位老爹時，悲憐本寺廢壞，也有個良心美腹，要和本寺做主。那時諸佛菩薩已作證明。貧僧記的佛經上說得好：『如有世間善男子，善女子，以金錢喜拾莊麗佛像者，主得桂子蘭孫，端麗美貌，日後早登科甲蔭子封妻之報。』故此特叩高門，不拘五百一千，要求老檀那開疏發心，成就善果。」[14]

　　長老稱西門慶為高門，高興得西門慶不亦樂乎。長老又說

12　〔明〕笑笑生：《金瓶梅詞話》，明萬曆本，東京大安株式會社影印發
　　行，1963 年，第 7 回。

13　陳玉女（成功大學歷史系教授），論文〈《金瓶梅》對晚明城市僧侶之
　　物質生活寫照〉，《2012 臺灣金瓶梅國際學術研討會論文集》，里仁書
　　局，2012 年。

14　〔明〕笑笑生：《金瓶梅詞話》，明萬曆本，東京大安株式會社影印發
　　行，1963 年，第 57 回。

善男善女以金錢喜拾莊麗佛像者，主得桂子蘭孫，日後早登科，有蔭子封妻之報。西門慶作為清河縣的首富，又居著官，不捐顯然被人小看，既礙於情面，又確實想要子孫，萬一佛祖開恩豈不美哉。這兩者都成了他捐款的巨大動力，於是填上了佈施五百。吳月娘聽了後對西門慶說，

> 哥你天大的造化，生下孩兒，你又發起善念，廣結良緣，豈不是俺一家兒的福分！只是那善念頭兒怕他不多，那惡念頭兒怕他不盡。哥，你日後那沒來回，沒正經，養婆兒，沒搭煞，貪財好色的事體少幹幾樁兒也好。攢下些陰功與那小的子也好。[15]

西門慶聽了吳月娘的勸言不以為然，並對吳月娘念念有詞，他說，

> 卻不道天地尚有陰陽，男女自然配合。今生偷情的苟合的多都是前生分定，姻緣簿上注明今生了還。難道是生剌搦搦胡扯，歪斯纏做的！咱聞那佛祖西天，也止不過要黃金鋪地，陰司十殿，也要些楮鏹營求。咱只消盡這家私，廣為善事，就使強姦了嫦娥，和姦了織女，拐了

15　〔明〕笑笑生：《金瓶梅詞話》，明萬曆本，東京大安株式會社影印發行，1963 年，第 57 回。

許飛瓊，盜了西王母的女兒，也不減我潑天富貴。[16]

這一段話實際上是西門慶的自畫像，是對他淫欲無度的自我開脫，言下之意，他的性行為都是前世的姻緣，今世了還的，其二，他說佛祖西天也是黃金鋪地，陰司十殿的享樂主義者，何況芸芸眾生呢！其三，佛祖們也需要人們敬香燒紙，用錢去祭祀。善男信女們敬香燒紙捐功德錢時，佛祖們也是來者不拒，以此說來，只要捨得花錢，廣做善事，不管如何作惡多端也是不會有事的，都會逢凶化吉遇難呈祥，應了常言說的錢能通神，金錢萬能的俗語。因為現實社會是這樣，佛祖神仙也莫過如此。那麼，在現實生活中是佛門影響了芸芸眾生呢，還是芸芸眾生影響了佛門呢，我看還是人們往往以眾生的現實心理揣度佛祖，用對待權力和權勢的辦法來對待佛祖神靈，並且如法炮製而已。這個也不奇怪，因為這些神和佛祖的原型早先也都是人。西門慶斷言，如此這般就減不了他的潑天富貴。人和神遇到金錢都會感到無能為力。西門慶在說這一段話時，看起來很狂妄，如果到現實生活中去對號入座恐怕還是有點道理。

二

人死後請僧人念經超度，使鬼魂脫離苦難，這在早些年是人之常情，家境殷實的多請一些僧人，規模大些，家境一般的

---

16 〔明〕笑笑生：《金瓶梅詞話》，明萬曆本，東京大安株式會社影印發行，1963 年，第 57 回。

少請幾個僧人，規模小一點。請僧人不是發個通知叫來就來，請是要用銀子來請的，給武大請僧眾念佛經燒靈時，「西門慶拿了數兩散碎銀錢，二斗白米，齋儭來婦人家。叫王婆到報恩寺請了六個僧人，在家做水陸超度武大，並天晚夕除靈。道人頭五更就挑了經擔來，鋪陳道場，懸掛佛像。王婆拌廚子在灶上安排整理齋供，西門慶那日就在婦人家歇了，不一時和尚來到，搖響靈杵打動鼓鈸，宣揚諷誦，咒演法華經，禮拜梁王懺，早辰發牒請降三寶，證明功德，請佛獻供，午刻召亡施食，不必細說。」[17]在這個時候潘金蓮本應該虔誠恭敬地對待念經除靈的活動。但是，武大就是潘金蓮他們合謀殺害的，她怎麼會有恭敬之心呢！念經超度只不過是掩人耳目罷了。就在家中舉辦佛事的時候，西門慶竟然住在潘金蓮家裏行男歡女愛之舉，因為他們毫無顧忌，以至於讓念經的和尚聽到了他們的淫聲。所以，當潘金蓮喬素打扮來到佛前參拜時，

> 那眾和尚見了武大的這個老婆，一個個都昏迷了佛性禪心，一個個多關不住心猿意馬，都七顛八倒酥成一塊。但見班首輕狂，念佛號不知顛倒維那昏亂，誦經言豈顧高低。燒香行者推倒花瓶，秉燭頭陀錯拿香盒。宣盟表白，大宋國稱作大唐，懺罪闍梨，武大郎念為大父。長老心忙，打鼓錯拿徒弟手，沙彌心蕩，磬槌打破老僧

17　〔明〕笑笑生：《金瓶梅詞話》，明萬曆本，東京大安株式會社影印發行，1963 年，第 8 回。

頭。從前苦行一時休，萬個金剛降不住。[18]

　　和尚們的這些舉動，說明當時許多人面對寺院的優裕條件，可能把出家當僧人作為謀生手段的人不在少數，因為他們去寺院為僧的目的就是謀生，前文中敘述到世上有三種人不怕熱，把僧眾與王公貴族的生活相提並論，使芸芸眾生對寺院佛道及僧人的生活環境趨之若鶩。有的僧人本來就不是去修行養性的，這些人和選擇捨棄世俗的出家人混雜在一起，僧眾就成了一群良莠不齊的團體。再則，事主潘金蓮毒死丈夫還假裝仁義請僧人念經禮佛，就連念佛的這短短幾天也不放過男女之歡，尤其可笑的是前面請僧人念經超度亡靈，後面與西門慶尋歡無度，毫無遮掩，這本身就是天大的笑話，對於信仰是莫大的諷刺。僧眾笑酥成一團還是有幾分道理的。再說來念經的僧人也是西門慶用銀子請來的，長老和和尚來是掙銀子的，不是義務的善事，遇到了這樣的事主，看到這樣的可笑之事也應該是個例外吧！這在僧眾的預料之中。除此之外，也會有貶低佛教僧眾的成分。這與當時的社會風氣有關。[19]

　　小說的作者還怕讀者看不明白僧眾真相，還特別提醒讀者說，

18　〔明〕笑笑生：《金瓶梅詞話》，明萬曆本，東京大安株式會社影印發行，1963 年，第 8 回。

19　朱嘉雯：〈女巫群像：《金瓶梅》及明清小說中特殊職業女性形象分析〉，2012 年，《2012 臺灣金瓶梅國際學術研討會論文集》。

> 古人有云：一個字便是「僧」，二個字便是「和尚」，
> 三個字便是「鬼樂官」，四個字便是「色中餓鬼」。蘇
> 東坡又云：「不禿不毒，不毒不禿，轉毒轉禿，轉禿轉
> 毒。」此一篇議論，專說這為僧戒行，住著這高堂大
> 廈，佛殿僧房，吃著那十方檀越錢糧，又不耕種，一日
> 三餐有無甚事縈心，專一在這色欲上留心。[20]

晚明時期，是經濟比較發達的時代，尤其沿運河一帶因為
漕運興起，航運發達，交通便利，使運河沿岸的城市迅速崛
起，城市的快速發達容納了來自四面八方的鉅賈大賈。以臨清
為例，元朝時僅是個無名小邑，到了明隆萬時期，城市人口幾
近發展到幾十萬人，規模空前。山陝商人和徽商雲集臨清，北
至遼海南達閩粵的商人攜帶貨物到臨清，北方的皮毛，山西的
煤炭，松江的紡織品，景德鎮的瓷器，福建的茶葉等生活和生
產資料貨積如山，於是糧店、絲綢店、茶葉店、旅店比比皆
是，民風民俗也發生了很大變化。「家陳歌舞戶列珠璣，極耳
目之歡，衣著華麗越禮制而行，驕奢成風，競相效仿」。[21]臨
清在鼎盛時期各類寺院庵堂達一百多座，雖然沒有僧眾的統
計，但想必也不在少數。在這樣繁華的市井生活中縱欲享樂的
生活不會不影響僧眾，僧眾也是人，話又說回來，脫離世俗而
出家，選擇清心寡欲，這是出家人的個人選擇，既然你選擇了

20　〔明〕笑笑生：《金瓶梅詞話》，明萬曆本，東京大安株式會社影印發
　　行，1963 年，第 8 回。

21　〔清〕王浚：《臨清州志・禮俗篇》，清乾隆十四年。

當僧人棄世俗的道路，你就要踐諾才是，因為眾目睽睽之下，眾人都在用僧人的標準來審視你的言行，一旦你背離了你的踐諾，眾人指手畫腳也是無可指責的。上面說的僧眾念經時的種種醜態就是因為眾生用你的踐諾在審視著你的言行，於是受到了指責，退後一步說，這種醜態不要說出在僧眾身上，即便是出在普通人身上也會貽笑大方，因為這是典型的有失規範。

三

《金瓶梅》社會裏比較活躍的尼姑有王姑子和薛姑子，

> 這薛姑子不是自幼出家的，少年間曾嫁丈夫，在廣成寺前居住，賣炊餅兒生理，不料生意淺薄，那薛姑子就有些不尷不尬，專一與那些寺裏的和尚行童調嘴弄舌，眉來眼去說長道短，弄的那些和尚們的懷中個個是硬幫幫的，乘那丈夫出去了，茶前酒後早與那和尚們刮上了四五六個。也常有那火燒、波波、饅頭、栗子拿來進奉他，又有那付應錢，與他買花，開地獄的布送與他做裏腳，他丈夫那裏曉得，以後丈夫得病死了，他因佛門情熱，這等就做了個姑子，專一在些士夫人家往來，包攬經讖，又有那些個不長進，要偷漢子的婦人，叫他牽引和尚進門，他就做個馬八六兒，多得錢鈔。聞的那西門慶家裏豪富，見他侍妾多，思想拐些用度，因此頻頻往來。22

22　〔明〕笑笑生：《金瓶梅詞話》，明萬曆本，東京大安株式會社影印發行，1963年，第57回。

薛姑子果然用那花言巧語說服了西門慶，西門慶馬上拿出三十兩銀子叫薛姑子去印佛經。因為薛姑子說這是佛祖留下的一卷陀羅經，只要你印刷抄寫，印上幾千卷裝訂完成普施十方，那功德真是大的緊，西門慶慷慨地出了三十兩銀子，薛姑子賺了一筆銀子是定而無疑的。

　　經常到西門慶家來的還有觀音庵的王姑子，他們都看中了西門慶家妻妾眾多，家境富足，又肯出銀子，於是都想來賺他們的錢。月娘也時常吩咐家人往王姑子庵裏送香油白米。[23]王姑子經常到西門慶家與月娘等人聊天，唱佛曲兒。《金瓶梅詞話》第三十三回寫八月十五是吳月娘的生日，吳大妗子、潘姥姥等人都在吳月娘家，月娘留下王姑子和大師傅（也是姑子）在席上唱佛曲兒，取樂與月娘等人。王姑子取得了月娘的信任，兩人睡在一起，王姑子問起月娘早先流產的事，王姑子便想辦法給月娘安胎。王姑子說：「用著頭生孩子的衣胞，拿酒洗了，燒成灰兒，拌著符藥，揀壬子日，人不知鬼不覺的時候，空心用黃酒吃了。算定日子不錯，至一個月就坐胎氣，好不准。」[24]王姑子又向月娘推薦薛姑子，王姑子說：「也有五十多歲，原在地藏寺兒住來，如今搬在南首里法華庵兒做首座，好不有道行，他好少經典兒……專在大人家行走。」[25]

23　〔明〕笑笑生：《金瓶梅詞話》，明萬曆本，東京大安株式會社影印發行，1963 年，第 20 回。

24　〔明〕笑笑生：《金瓶梅詞話》，明萬曆本，東京大安株式會社影印發行，1963 年，第 40 回。

25　〔明〕笑笑生：《金瓶梅詞話》，明萬曆本，東京大安株式會社影印發行，1963 年，第 20 回。

經過王姑子的介紹，薛、王二姑子果然和月娘親近起來，並留在月娘家和月娘同住在一個屋裏，幫月娘安胎，為了酬謝二位姑子，月娘給每位二兩銀子，並承諾若是坐了胎氣還給薛姑子一匹黃褐緞子做袈裟穿。[26]第五十回寫西門慶為了祈求佛祖讓官哥早日病癒，佈施了三十兩銀子，交付與二人印陀羅經五千卷，[27]這是一筆不小的生意，二人在利益分配上引起了衝突。後來王姑子給李瓶兒說：「我和薛姑子老淫婦合了一場好氣，與你老人家印了一場經，只替他起網兒，背地裏和印經家打了一兩銀子夾賬，我通沒見一個錢兒。你老人家作福，這老淫婦到明日墮阿鼻地獄。」[28]

李瓶兒聽了王姑子這一番話，知道他們二人因為印經的事發生了矛盾而且衝突很大，僧人是不可以說妄語的，王姑子竟然罵薛姑子老淫婦，咒罵她到明日要進地獄，李瓶兒聽後給了王姑子一錠銀子，一匹綢子。並交待她：「等我死後，你好歹請幾位師傅，與我念誦血盆經」。

李瓶兒去世後，薛姑子風聞十一月初李瓶兒斷七，教她請八眾尼僧來家念拜血盆懺。他瞞著王姑子買了禮物來見月娘，月娘給了她五兩銀子叫他去請眾僧念經。於是薛姑子瞞著王姑子「到初五日早請了八眾女僧，在花園捲棚內建立道場，各門

26　〔明〕笑笑生：《金瓶梅詞話》，明萬曆本，東京大安株式會社影印發行，1963 年，第 50 回。

27　〔明〕笑笑生：《金瓶梅詞話》，明萬曆本，東京大安株式會社影印發行，1963 年，第 50 回。

28　〔明〕笑笑生：《金瓶梅詞話》，明萬曆本，東京大安株式會社影印發行，1963 年，第 62 回。

上貼歡門吊子，諷誦華嚴金剛經咒，禮拜血盆寶讖，灑花米，轉念三十五佛明經。晚夕設放焰口儼施食」。[29]

　　薛姑子的這一行動更加深了王姑子的不滿，於是王姑子到西門慶家想對月娘訴說此事，月娘一見王姑子，不等他開口就怪她為什麼不來作讖，王姑子說：「這個就是薛家老淫婦的鬼，他對著我說，咱家挪了日子，到初六念經」。[30]月娘只好勸慰她，經錢早給了，還給你留了一匹儼錢布和齋食。王姑子內心還是憤憤不平，並向月娘說，這老淫婦獨吃，原本說這次我們兩個平分，結果她又獨自吃掉了。月娘也順勢點化她說：老薛說你接了六娘血盆經五兩銀子，你怎的不替他念讖，王姑子以為月娘不知道此事，沒想到月娘知道了，她的應變能力很強，張口說，她老人家五七時，我在家請了四個師傅念了半個月的經。李瓶兒已經離開了人世，她念與不念是無法檢驗的。月娘只好說，你念了為什麼不對我提一句兒，我好與你些儼錢。

　　尼姑的這些表現還應了元末明初的陶宗儀在《南村輟耕錄》卷一中說：

> 三姑者，尼姑、道姑、卦姑也。六婆者，牙婆、媒婆、師婆、虔婆、藥婆、穩婆也。蓋與三刑六害同也，人家

29　〔明〕笑笑生：《金瓶梅詞話》，明萬曆本，東京大安株式會社影印發行，1963 年，第 68 回。

30　〔明〕笑笑生：《金瓶梅詞話》，明萬曆本，東京大安株式會社影印發行，1963 年，第 68 回。

有於此，而不致奸盜者幾希矣。若能謹而遠之，如避蛇
蠍，庶乎淨宅之法。

《金瓶梅》第三十回寫「縣中過世陳參政家，陳參政死
了，母張氏守寡，有一小姐，因正月十六日在門首看燈，有對
門住的一個小夥子兒，名喚阮三，放花兒看見那小姐生得標
緻，就生心調胡博詞琵琶唱曲兒調戲她，那小姐聽了邪心動。
是梅香把這阮三叫到門裏，兩個只親了個嘴，後次竟不得會
面，不期阮三在家思想成病，病了五個月不起，父母那裏不使
錢請醫看治，看看至死不久身亡。有一個朋友周二定計說陳宅
母子每年中元節令，在地藏寺薛姑子那裏做伽藍會燒香，你許
薛姑子十兩銀子，藏在他僧房內，與小姐相會，管病就要好
了。那阮三喜歡，果用其計，薛姑子受了十兩銀子，在房丈內
不期小姐午寢，遂與阮三苟合。那阮三剛病起來，久思色欲，
一旦得了，遂死在女子身上，慌的他母親忙領女子回家，這阮
三父母怎肯甘罷，一狀告到衙門裏，把薛姑子、陳家母子都拿
到了。」[31]

在刑所審理此案時，對於薛姑子不合假以作佛事，窩藏男
女通姦，因而致死人命，況又受賄，論了個知情，褪衣打二十
板責令還俗。況且薛姑子在出家前後都有劣跡，正如《金瓶
梅》四十回中說，「但凡大人家似這樣的僧尼牙婆絕不可以抬
舉在深宮大院相伴著婦女，俱以講天堂地獄，談經說典為由，

31　〔明〕笑笑生：《金瓶梅詞話》，明萬曆本，東京大安株式會社影印發
　　行，1963 年，第 34 回。

背地裏說釜念歇，送暖偷寒，什麼事兒不幹出來，十個九個都被他送上災厄」。[32]陶宗儀在說到「三姑六婆」是指出，對這等人要謹而遠之，如避蛇蠍一樣遠離他們，這是保證宅內平安無事的辦法。前面說到的陳參政的女兒和阮三的遭遇就是最典型的一例。薛姑子收了阮家的十兩銀子，他就叫陳參政的女兒香梅在她的禪房裏午休，同時又把阮三領到禪房裏叫他們二人苟合，結果阮三送命，阮家人財兩空。香梅自然名聲掃地。薛姑子因受賄十兩銀子而杖二十責令還俗。這裏要問定計的周二為什麼會出這樣的計策，只要送十兩銀子就會輕而易舉地讓香梅和阮三苟合呢？說明薛姑子幹這營生已不是偶然，而且是眾所周知，否則周二也沒有這樣的信息來源。再說薛姑子已讓刑所責令還俗，也就是取消了她的資質，不准從事此行業，但到了第六十八回還是以尼姑的身分念經、印經書去索取錢財。可見僧眾這個群體的問題是嚴重的，政府的管理同樣有嚴重問題，否則就不會出現阮三這樣的命案，薛姑子也不會繼續以姑子的身分招搖撞騙。

四

綜上所述，《金瓶梅》這個社會中的宗教活動比較活躍，在人生三大禮儀中的生育、結婚、葬禮活動中都有宗教活動，而且儀式都很隆重，尤其以葬禮最為隆重，這些活動中還表現了多種宗教的文化現象，如李瓶兒的葬禮就有玉皇廟的吳道

32　〔明〕笑笑生：《金瓶梅詞話》，明萬曆本，東京大安株式會社影印發
　　行，1963 年，第 40 回。

官，報恩寺和永福寺的和尚，寶慶寺的喇嘛都參加了這場葬禮，也就是說道教、佛教都參加了，佛教中的藏傳佛教也在其中，陰陽先生也在其列，完全體現了多種宗教和信仰的多元文化現象。

《金瓶梅》全書中祭祀活動很多，幾乎遍及全書的所有場所，從祭祀活動的實質來看，無非是祭神、祭祖，還有請朋友吃飯，其實，祭神就是賄神，祭祖就是賄祖先，請朋友吃飯就是賄人，賄神和賄祖先就是請神和祖先保佑自己，賄朋友就是請朋友多加關照。國人信奉一個朋友一條路，一個仇人一堵牆，其實質都是為了自己。這一現象說明了中國人活著就要和神、祖先、朋友搞好關係，有了這種良好的關係才能安全地，愉快地，平安地活著。中國的許多思想家提出的先做人再做事，知書達禮，修身、齊家、治國、平天下的主張，其核心就是叫人們好好活著。宗教活動中的實用主義，務實精神表現得十分充分，都是在為自己。

據考證，「較為原始的音樂、美術、服飾、舞蹈等人類文化事象的起源都與婚姻風俗有關。」英國生物人類學家莫里斯認為：「與其說文明的進步造就了現代人類的性行為，倒不如說是性行為塑造了人類文明」。「大概因為這個原因，婚姻習俗才成為揭開人類社會某些歷史之謎的鑰匙。」[33]正因為這樣，凡是小說、戲劇、電影、文學等文化藝術沒有哪一樣可以例外地不寫愛情，不寫婚姻，不涉及性事的。佛教徒選擇了無欲，但《金瓶梅》中的僧眾，不管男女僧人都難捨棄世俗，給

33　〔英〕莫里斯：《裸猿》，學林出版社，1987年，第28頁。

武大念經的和尚見了潘金蓮個個都「關不住心猿意馬，都七顛八倒酥成一塊」。芸芸眾生都選擇了婚姻，婚姻是以情愛和性愛為中心的。少不了一個性字，當然生命要傳承沒有婚姻不就沒有了人類麼！這是多麼驚世駭俗的問題，是否值得引起大家關注的問題，通過認真研究給予合情合理的詮釋，使得人們正視信仰，正視宗教，正視婚姻。

後　記

　　上世紀八九十年代，我在從事地方志工作時，約請了這個專業的許多同行，對魯西各縣市的民俗事象進行了大量的調查和研究，並在這個基礎上編輯成《魯西民俗》。

　　書稿完成後，特請山東大學教授李萬鵬（第一任山東省民俗學會會長）、山東省社科聯主席、山東大學民俗研究所碩士生導師劉德龍（現任山東省民俗學會會長），為本書寫了序。

　　成書後歷時多年，因為各種原因，遲遲未能出版。去年八月份徐州國際金瓶梅學術討論會上，幸會臺灣學生書局的各位領導，經臺灣師範大學的胡衍南先生向書局推薦，書局慷慨應允，很快完成了審稿，並同意出版。我十分感謝學生書局的各位領導和為出版參與審稿的所有老師，尤其主編陳蕙文老師，回饋各方面的信息，才有了今天同意出版的定論。我真誠地感謝書局全體同仁。

　　本書將於今年六月出版。在此書出版之際，感謝參與提供資料的各位先生，感謝李萬鵬教授和劉德龍主席為本書作序。再次感謝胡衍南老師和學生書局的全體領導和陳蕙文主編的辛勤勞動。

2016.1.6

國家圖書館出版品預行編目資料

魯 西 民 俗

杜明德著.－ 初版.－ 臺北市：臺灣學生，2016.08
面；公分

ISBN 978-957-15-1709-4 (平裝)

1. 民俗 2. 中國文化

538.82   105013633

魯 西 民 俗

著　作　者：杜　　　　　明　　　　　德
出　版　者：臺 灣 學 生 書 局 有 限 公 司
發　行　人：楊　　　　　雲　　　　　龍
發　行　所：臺 灣 學 生 書 局 有 限 公 司
　　　　　　臺北市和平東路一段七十五巷十一號
　　　　　　郵 政 劃 撥 帳 號：00024668
　　　　　　電　話　：(02)23928185
　　　　　　傳　眞　：(02)23928105
　　　　　　E-mail：student.book@msa.hinet.net
　　　　　　http://www.studentbook.com.tw
本 書 局 登
記 證 字 號：行政院新聞局局版北市業字第玖捌壹號
印　刷　所：長　欣　印　刷　企　業　社
　　　　　　新北市中和區中正路九八八巷十七號
　　　　　　電　話　：(02)22268853

定價：新臺幣四〇〇元

二　〇　一　六　年　八　月　初　版